基于互联网思维
的
高校网络思想政治教育研究

熊钰 著

Research on Ideological
and
Political Education in Universities
Based on

INTERNET
THINKING

社会科学文献出版社
SOCIAL SCIENCES ACADEMIC PRESS (CHINA)

高校思想政治工作队伍培训研修中心

（西南交通大学）出版基金资助

目 录
CONTENTS

第一章

绪　论

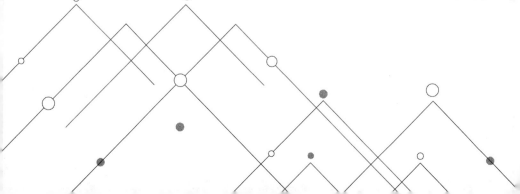

第一节　研究的缘起

一　顺应时代发展

从时代背景看，在经历了石器时代、青铜器时代、铁器时代、蒸汽时代、电力时代之后，1969 年美国国防部高级研究计划署创建的 ARPAnet 的诞生，宣告人类跨入了一个新的时代——互联网时代。互联网是一场技术革命、思维革命、范式革命，给人类社会带来了全领域的、颠覆性的深刻变革，网络经济、网络政治、网络文化、网络社会等新现象、新形态迅速崛起，并与现实经济、政治、文化、社会相互关联、作用、冲突、融合，催动着人类社会各个领域理念的变迁、模式的转型、发展的跃进。在互联网时代，互联网技术成了驱动变革的核心技术力量，互联网思维成了引领变革的主流思维方式，"互联网＋"成了实现变革的基本创新范式。具体到高校思想政治教育领域，互联网既给其带来严峻挑战，又给其带来巨大机遇，高校网络思想政治教育应运而生并在回应时代中迅猛发展。[①] 20 多年来，高校网络思想政治教育已经成为高校思想政治教育领域新的研究热点和重要实践场域。一方面，适应互联网的发展，高校网络思想政治教育理论研

[①] 笔者考察认为，高校网络思想政治教育理论研究应以《发挥校园网络思想政治工作的作用》（张建松，1999）发表为标志，高校网络思想政治教育实践探索应以"红色网站"（清华大学，1998）上线为标志。

究和实践探索持续深入，高校网络思想政治教育新理论、新方法、新模式不断创生、积累、升华，高校网络思想政治教育规模初具、效果初显、体系初成；另一方面，面对 Web3.0 移动互联时代的到来，高校网络思想政治教育基础理论研究仍有待加强，若干基础性、原理性问题仍有待进一步做出科学回答，高校网络思想政治教育实践工作模式仍有待优化，工作针对性、实效性问题有待进一步得到有效解决。推进和深化高校网络思想政治教育研究，加强和改进高校网络思想政治教育工作是一项重大的时代课题。

二 响应政策要求

从政策导向看，我们党有着重视思想政治工作的优良传统和政治优势，特别是一贯高度重视高校思想政治教育。进入 21 世纪以来，中共中央、国务院（中共中央办公厅、国务院办公厅）先后印发了三份"中字头"高校思想政治教育纲领性文件，对高校思想政治教育做出了总体部署，对高校网络思想政治教育提出了明确要求。2004 年 10 月，中共中央、国务院印发《关于进一步加强和改进大学生思想政治教育的意见》（中发〔2004〕16号），提出"主动占领网络思想政治教育新阵地"①；2014 年 12

---

① 中共中央、国务院《关于进一步加强和改进大学生思想政治教育的意见》（中发〔2004〕16 号）提出："主动占领网络思想政治教育新阵地。要全面加强校园网的建设，使网络成为弘扬主旋律、开展思想政治教育的重要手段。要利用校园网为大学生学习、生活提供服务，对大学生进行教育和引导，不断拓展大学生思想政治教育的渠道和空间。要建设好融思想性、知识性、趣味性、服务性于一体的主题教育网站和网页，积极开展生动活泼的网络思想政治教育活动，形成网上网下思想政治教育的合力。要密切关注网上动态，了解大学生思想状况，加强同大学生的沟通与交流，及时回答和 （转下页注）

月，中共中央办公厅、国务院办公厅印发《关于进一步加强和改进新形势下高校宣传思想工作的意见》（中办发〔2014〕59号），提出"创新网络思想政治教育"①；2016年12月，中共中央、国务院印发《关于加强和改进新形势下高校思想政治工作的意见》（中发〔2016〕31号），提出"加强互联网思想政治工作载体建设"②。中共中央、国务院（中共中央办公厅、国务院办公厅）连续印发文件强调加强和改进高校思想政治教育，一方面说明中央高度重视高校思想政治教育，"高校思想政治教育只能加强不能削弱，只能前进不能停滞，只能积极应对不能被动应付"③；另一方面说明高校思想政治教育仍有改进空间，"高校思想政治教育遇到的挑战更加严峻、承担的任务更加繁重，同时还

(接上页注①)解决大学生提出的问题。要运用技术、行政和法律手段，加强校园网的管理，严防各种有害信息在网上传播。加强网络思想政治教育队伍建设，形成网络思想政治教育工作体系，牢牢把握网络思想政治教育主动权。"

① 中共中央办公厅、国务院办公厅《关于进一步加强和改进新形势下高校宣传思想工作的意见》（中办发〔2014〕59号）提出："要创新网络思想政治教育，开展高校校园网络文化建设专项试点工作，大力推进校报校刊数字化建设，探索建立优秀网络文章在科研成果统计、职务职称评聘方面的认定机制，着力培育一批导向正确、影响力广的网络名师，立足校园网站建设开办一批贴近师生学习生活的网络名站名栏，建设一支由学生和青年教师骨干组成的网络宣传员队伍，打造示范性思想理论教育资源网站、学生主题教育网站和网络互动社区，推进辅导员博客、思想政治理论课教师博客、校务微博、校园微信公众账号等网络新媒体建设。"

② 中共中央、国务院《关于加强和改进新形势下高校思想政治工作的意见》（中发〔2016〕31号）提出："要加强互联网思想政治工作载体建设，加强学生互动社区、主题教育网站、专业学术网站和'两微一端'建设，运用大学生喜欢的表达方式开展思想政治教育。加强校园网络安全管理，营造风清气正的网络环境。"

③ 坚持走自己的高等教育发展道路——一论学习贯彻习总书记高校思想政治工作会议讲话〔N〕. 人民日报，2016 - 12 - 09 (1).

存在一些亟待解决的问题"，"必须革弊布新，创新方式方法，不断增强针对性、时代感和吸引力"。^① 当前以及今后一个阶段，高校思想政治教育的主要着力点就是"加强和改进"，其中一个重要方面就是加强和改进高校网络思想政治教育，围绕贯彻落实中央关于高校网络思想政治教育的顶层设计、统筹部署，进一步探索规律、更新理念、创新模式、构建生态，扎实推进高校网络思想政治教育各项任务落细、落小、落实，切实增强高校网络思想政治教育针对性、亲和力、实效性。推进和深化高校网络思想政治教育研究、加强和改进高校网络思想政治教育工作是一项重大的政治任务。

三 适应对象变化

从对象特点看，当代"95后""00后"大学生是伴随互联网的发展成长起来的一代，是互联网的"原住民"，"青年人与网络已经形成了一个共同体"^②，"永远在线""随时互动"已经成为当代大学生的基本生存状态。调查报告显示，40%的大学生日均上网时长超过4小时，20%的大学生日均上网时长超过6小时，手机和笔记本电脑是主要的上网工具，其中使用手机上网的比例为96.1%，使用笔记本电脑上网的比例为47.8%。社会交往、休闲娱乐、搜索资料与完成作业是频率最高的三项大学生网络活动。98.2%的大学生经常使用微信、QQ等社交软件与同学、朋友和家人联系，97.1%的大学生经常查看朋友圈、QQ空间等社

---

① 沿用好办法 改进老办法 探索新办法——三论学习贯彻习总书记高校思想政治工作会议讲话 [N]. 人民日报，2016-12-11 (1).
② 崔家生. 网络思想政治教育研究 [M]. 济南：山东画报出版社，2016：2.

交网络，从不进行这两项网络活动的大学生分别仅占 1.8％ 和
2.9％。92.9％ 的大学生经常在互联网上看电视剧或电影，91.7％
的大学生经常在互联网上听音乐，从不进行这两项网络活动的大
学生分别仅占 7.1％ 和 8.3％。96.2％ 的大学生经常使用互联网写
作业、查单词，96.1％ 的大学生经常使用互联网搜索资料和信
息，从不进行这两项网络活动的大学生分别仅有 3.8％ 和 3.9％。
在使用互联网看新闻时事方面，选择"几乎总是""每天几次"
"每周几次""每月几次""从不"的大学生分别为 9.8％、
21.6％、34.4％、24.5％、9.7％。在互联网上评论或与别人讨论
时事或社会问题方面，选择"几乎总是""每天几次""每周几
次""每月几次""从不"的大学生分别为 6.1％、11.0％、
28.8％、29.7％、24.4％。[①] 今天，互联网已经成为大学生获取
信息的重要渠道、沟通交流的基本方式、休闲娱乐的虚拟平台、
身处其中的外在环境，并在潜移默化间深刻地影响着大学生的思
想观念、价值取向、认知模式、思维方式、行为习惯、心理发
展——正如有研究者所言："互联网不但是作为主体的人的自然
客体，而且是社会客体和精神客体，主体与不同层次的客体结合
便塑造人的网络实践的不同形态，即工具形态、生活形态和精神
形态。"[②] "思想政治工作从根本上说是做人的工作"[③]，人在哪里
思想政治工作就该做到哪里，重点就该放到哪里。大学生的网络

---

① 李培林，陈光金，张翼.2019 年中国社会形势分析与预测 ［M］.北京：社
会科学文献出版社，2019：162-178.

② 谢玉进，吕雪飞.论网络思想政治教育内容拓展 ［J］.继续教育研究，
2017，(5)：30.

③ 习近平在全国高校思想政治工作会议上的讲话：把思想政治工作贯穿教育教
学全过程　开创我国高等教育事业发展新局面 ［N］.人民日报，2016-12-
09 (1).

生存要求高校思想政治教育走进网络，坚持"围绕学生、关照学生、服务学生"，坚持"因事而化、因时而进、因势而新"，遵循思想政治教育规律、互联网传播规律、学生成长规律，运用互联网技术、互联网思维、"互联网＋"范式，加强和改进高校网络思想政治教育，形塑大学生正确的世界观、人生观、价值观，提高大学生的思想水平、政治觉悟、道德品质、文化素养，培养德智体美劳全面发展的中国特色社会主义建设者和接班人。推进和深化高校网络思想政治教育研究、加强和改进高校网络思想政治教育工作是一项重大的育人工程。

第二节　国内外研究现状与成果述评

一　国内研究现状与成果述评

（一）高校网络思想政治教育基础研究现状与成果述评

基础研究，是为认识现象、揭示规律，获取新知识、新原理、新方法所进行的研究活动。基础研究是"纯粹的研究"，一般不考虑其直接应用，但却常常以"线性模式"引领应用研究实现突破性进展。综观 20 多年来高校网络思想政治教育研究，学界在高校网络思想政治教育起点问题、基本范畴、发展阶段等基础研究领域成果丰硕，建树卓著，为持续深入推进高校网络思想政治教育研究奠定了坚实基础。

1. 研究现状

（1）起点问题

发现与提出问题，是社会科学研究的起点。起点问题，是高校网络思想政治教育研究的"元问题"。相关研究主要是从现实起点、逻辑起点两个维度展开。

①现实起点。学界聚焦互联网给高校思想政治教育带来的"挑战",具体包括三类形态:一是"冲淡性挑战",包括垃圾信息对人的注意力的冲淡[①],碎片信息对系统化知识体系的冲淡[②],"弱连接"关系对"强连接"关系的冲淡[③];二是"冲击性挑战",包括多元思想文化对主流思想文化的冲击,不良网络信息对社会道德底线的冲击,网络舆论舆情对社会心理情绪的冲击[④],"民间舆论场"对"官方舆论场"的冲击[⑤],网络圈群生存对思想引导渠道的冲击[⑥],开放学习模式对传统教育方式的冲击[⑦];三是"冲突性挑战",包括异质意识形态与主导意识形态的冲突[⑧],网络秩序乱象与社会法治原则的冲突[⑨]。总而言之,"高校网络

① 崔瑞霞,李艳. 思想政治教育的网络辐射力探析 [J]. 思想教育研究,2017,(3):31–35.

② 谢向波. 网络传媒对大学生思想政治教育的负面影响及对策 [J]. 学校党建与思想教育,2017,(1):70–71.

③ 苏晔. 高校思想政治教育要占领社交网络新阵地 [J]. 思想理论教育导刊,2016,(4):127–129.

④ 熊钰. 高校网络思想政治教育研究 [M]. 北京:光明日报出版社,2018:25–32.

⑤ 任贤良. 统筹两个舆论场 凝聚网络正能量 [J]. 红旗文稿,2013,(7):4–6.

⑥ 薛云云,张立强. 网络圈群中的思想政治教育:问题检视与对策思考 [J]. 思想教育研究,2017,(2):84–87.

⑦ 谢向波. 网络传媒对大学生思想政治教育的负面影响及对策 [J]. 学校党建与思想教育,2017,(1):70–71.

⑧ 张瑜. 大数据背景下我国网络意识形态建设论析 [J]. 高校马克思主义理论研究,2016,(2):113–121.

⑨ 邓叶芬. 关于高校网络思想政治教育法治化的思考 [J]. 思想理论教育,2015,(8):83–86.

思想政治教育何以产生，其深刻原因在于网络环境改变了人的活动的环境，包括人的生存状态、交往空间和发展条件"，"对于网络环境的研究是高校网络思想政治教育理论研究的起点"①。

②逻辑起点。在高校网络思想政治教育研究现实起点相关讨论的基础上，有研究者基于逻辑起点质的规定性理论框架，辨析提出高校网络思想政治教育研究的逻辑起点是"网络消费者的思想与行为"②、"基于网络的现实人的思想"③，并将之规定为高校网络思想政治教育的起点范畴。

（2）基本范畴

范畴是人的思维对客观事物本质的抽象把握，概括和反映特定领域研究对象的本质、特性和规律。范畴问题在基础理论研究中居于中心位置，对于学科理论具有概括、统一、规范的作用。

早在2007年，吴满意教授基于思想政治教育五对基本范畴，结合高校网络思想政治教育的特殊性，提出高校网络思想政治教育基本范畴包括以下内容。起点范畴：网络信息消费者的思想与行为；中心范畴：主体和客体；中介范畴：调控与评价、上传与下载、疏通与引导、教育与管理；结果范畴：内化与外化；终点范畴：信息消费个体与网络社区。④此后，学界持续深化、不断

---

① 张瑜.网络思想政治教育研究：发展历程、问题与方法［J］.思想理论教育导刊，2016，（10）：131-135.

② 吴满意，曹银忠.关于高校网络思想政治教育学范畴体系的思考［J］.思想教育研究，2007，（3）：13-15.

③ 付艳，徐建军.网络思想政治教育学的逻辑起点［J］.思想教育研究，2017，（8）：95-99.

④ 吴满意，曹银忠.关于高校网络思想政治教育学范畴体系的思考［J］.思想教育研究，2007，（3）：13-15.

拓展高校网络思想政治教育基本范畴研究，集中着力于对原范畴的深入阐释和对新范畴的开放讨论。

①高校网络思想政治教育。学界关于高校网络思想政治教育基本概念的代表性观点包括：一是"工具论"，强调网络是高校思想政治教育的工具载体①；二是"空间论"，强调网络是高校思想政治教育的空间场域②；三是"模式论"，强调网络是高校思想政治教育的创新模式③；四是"环境论"，强调网络是高校思想政治教育的外在环境④。

②话语权。有研究者阐释了高校网络思想政治教育话语权的基本概念、结构要素、价值功能、生成机制，认为高校网络思想政治教育话语权是在教育参与者基于技术支持而进行的教育引导、思想把控和交往互动过程中生成和发展的多样话语权利与权力的总和，具体表现为倾听、参与、表达的权利和引导、调控、管理的非强制性权力⑤。高校网络思想政治教育话语权具有意识形态性、文化性、人本性、利益性等特征⑥。

③思想与行为。有研究者讨论了网络意识形态的内涵、特点和功能，认为网络意识形态是网民在借助数字化、符号化、信息化中介系统而进行的信息、知识、精神的共生共享活动中形成的

① 刘梅. 思想政治教育的现代方式：论网络思想政治教育建设 ［J］. 河南师范大学学报（哲学社会科学版），2000，（2）：103－106.

② 夏晓虹. 高校网络思想政治教育 ［M］. 济南：泰山出版社，2008：17－18.

③ 梁定旭. 网络思想政治教育与现实思想政治教育比较分析 ［J］. 学校党建与思想教育，2015，（2）：8－10.

④ 熊钰. 高校网络思想政治教育研究 ［M］. 北京：光明日报出版社，2018：5－10.

⑤ 王欣玥，吴满意. 国内学界网络思想政治教育话语权问题研究状况述评［J］. 重庆邮电大学学报（社会科学版），2017，（4）：88－93.

⑥ 骆郁廷，魏强. 论大学生思想政治教育的网络文化话语权 ［J］. 教学与研究，2012，（10）：74－81.

有机体系，其核心是价值观念，基本特点表现为生成的技术性、成长的互动性、信息的符号化、内容的融渗性、效果的累积性，具有引导、聚合和转化功能①。有研究者更进一步讨论了网络意识形态"多元主体、多样形态、多种场域"的发展特点②。同时，研究者们针对大学生的网络行为做了大量实证研究，涉及大学生网络日常行为③、网络成瘾问题④、网络集群问题⑤、意见表达问题⑥等。有研究者做了系统研究，将互联网环境下青年学生"思想和行为的新呈现"概括为：更加注重体现主体性和独立性，更加注重获得话语权和影响力，知识信息获取的广度和深度上的矛盾统一，明显的易变性和随意性⑦。

　　④主体与客体。有研究者论证了高校网络思想政治教育主客体的客观存在、区分标准、现实价值，分析了主客体以网络为中介、为场域、为平台的载体特殊性，以虚拟主体、虚拟客体为存在的形态特殊性，以双向互动、多向互动、叠加互动为表征的关系特殊性，揭示了主客体在网络思想交互实践中主体客体化、客

①　黄冬霞，吴满意．网络意识形态内涵的新界定［J］．社会科学研究，2016，（5）：107 - 112.

②　张瑜．大数据背景下我国网络意识形态建设论析［J］．高校马克思主义理论研究，2016，（2）：113 - 121.

③　高德毅．高校学生网络行为与规范管理研究［J］．思想理论教育导刊，2013，（5）：119 - 122.

④　王亚非，吴满意．大学生网络成瘾的特征分析及研究路径探索［J］．电子科技大学学报（社会科学版），2014，（2）：85 - 88.

⑤　田莽．基于思想政治教育的高校学生网络集群行为研究［J］．教育与职业，2015，（35）：64 - 66.

⑥　楚亚杰，张瑜，金兼斌．当代大学生意见表达渠道的选择偏好［J］．青年探索，2016，（4）：59 - 65.

⑦　冯刚．互联网思维与思想政治教育创新发展［J］．学校党建与思想教育，2018，（2）：4 - 8.

体主体化的主客体转换规律①。有研究者提出高校网络思想政治教育主客体是教育者和受教育者所共同建构的交互主体，在具体情境中发生主动—被动、能动—受动关系，呈现建构性、流变性和情境性特征②。另有研究者基于主体间性理论讨论了高校网络思想政治教育的主体及其主体性③。

⑤教育与管理。研究者普遍认同高校网络思想政治教育是以"过程"的形态存在的。有研究者分析了高校网络思想政治教育中"教育过程"的定义、价值、特征，认为高校网络思想政治教育过程是价值引导与网民个体自主建构的统一、确定性与非确定性的统一、生成与转化的统一④。有研究者阐释了高校网络思想政治教育中"调控过程"的内涵、意义、结构，提出了意义调控、预见调控、规范调控三种调控类型，强调了调控的关键在于施教主体发挥网络人格魅力和关注信息文本的互文性话题⑤。

⑥内化与外化。有研究者辨析了高校网络思想政治教育内化、外化的基本含义、主要特征及其内外部影响制约因素，强调内化的稳固化、无形化、智能化特征，提出高校网络思想政治教育内化的"注意—理解—接受"三环节架构模型和高校网

---

① 骆郁廷. 论网络思想政治教育的主体与客体［J］. 马克思主义与现实，2016，(2)：1 – 7.

② 张瑜. 论网络信息环境下德育主客体关系的新发展［J］. 思想理论教育，2007，(10)：25 – 28，39.

③ 黄英燕，陈宗章. 网络思想政治教育主体的主体性［J］. 重庆邮电大学学报(社会科学版)，2017，(5)：61 – 66.

④ 吴满意. 论网络思想政治教育过程的基本特征［J］. 毛泽东思想研究，2012，(4)：86 – 91.

⑤ 胡树祥，吴满意. 试论高校网络思想政治教育活动的调控［J］. 思想教育研究，2007，(11)：9 – 12.

络思想政治教育外化的"显现—定向—实现"三阶段结构模型①。

⑦虚拟与现实。有研究者认为虚拟与现实范畴是信息网络时代社会发展的需要和人的思想品德发展规律性的要求在思想政治教育学研究中的反映,虚拟是对现实事物、可能事物、不可能事物的虚拟,现实是指客观存在的自然、社会与人及其活动等,论述了虚拟与现实的差异性关系、同一性关系、对立性关系、统一性关系②。

⑧人与互联网。胡树祥、吴满意、谢玉进三位学者持续专注人与互联网关系的研究,提出"人的网络实践活动是以信息交换为主导的社会实践活动",系统探讨了人的三大网络实践形态的特征、模式和规律-——网络人机互动③、网络人际互动④、网络自我互动⑤,系统深入回答了"网络是什么""人的网络实践活动及其规律是什么""从网络实践出发如何识网、用网、管网"等基本理论问题。张瑜深入探讨了校园社交网络基于信息注意力、群体凝聚力、文化认同力三重建构的内在机制⑥,分析了校园社

① 吴满意.论高校网络思想政治教育的内化与外化［J］.理论与改革,2006,(4):148－150.
② 张瑜,冯务中.虚拟与现实:现代思想政治教育的新范畴［J］.学校党建与思想教育,2008,(10):32－34.
③ 谢玉进.网络人机互动——网络实践的技术视野［M］.北京:人民出版社,2013.
④ 吴满意.网络人际互动——网络实践的社会视野［M］.北京:人民出版社,2015.
⑤ 谢玉进,胡树祥.网络自我互动——网络实践的主体内省［M］.北京:人民出版社,2017.
⑥ 张瑜.论大学生校园社交网络的三重机制［J］.思想教育研究,2017,(7):105－109.

交网络的凝聚性、现实性、发展性、多样性、可控性特征①，论述了校园社交网络科层交往、熟人交往、陌生人交往三种典型场域②，搭建了大学生在校园社交网络中进行信息获取与传播的"三明治型"模式③。此外，研究者们进一步就网络空间④、网络社会⑤、网络交往⑥、网络文化⑦、"互联网＋"⑧、网民⑨、网络发展⑩等互联网基本问题做了深入探讨。

（3）发展阶段

高校网络思想政治教育研究在 20 多年间实现了从无到有、从点到面、从弱到强的快速发展，重点更迭、演进跃迁，呈现出不同的发展阶段。学界关于高校网络思想政治教育发展阶段的归

① 张瑜．思想政治教育视域下大学生社交网络的特性研究［J］．学校党建与思想教育，2016，（10）：14－17．
② 张瑜．论自媒体空间交往生态的德育价值［J］．高等教育研究，2016，（9）：67－72．
③ 张瑜，欧阳沁，王光海．新媒体环境下大学生信息传播结构变化研究——基于北京市 15 所高校的实证调查［J］．清华大学教育研究，2016，（1）：105－109．
④ 陈宗章，黄英燕．网络思想政治教育主体及其协同关系探析［J］．河海大学学报（哲学社会科学版），2017，（4）：24－28．
⑤ 方金友．网络社会的嬗变进程与基本特征［J］．学术界，2014，（9）：99－107．
⑥ 吴满意，胡树祥．《德意志意识形态》中的交往内涵与当今网络交往本质［J］．思想教育研究，2009，（6）：25－29．
⑦ 郭鲁江，尹静．网络文化背景下的青年思想政治教育工作［J］．中国青年社会科学，2017，（5）：33－39．
⑧ 龚雄亭．"互联网＋"背景下网络思想政治教育的后现代性解读［J］．毛泽东思想研究，2017，（1）：143－147．
⑨ 宁文英，吴满意．学界网民问题研究述评［J］．重庆邮电大学学报（社会科学版），2017，（2）：82－87．
⑩ 冯刚．互联网思维与思想政治教育创新发展［J］．学校党建与思想教育，2018，（2）：4－8．

理，主要包括"三阶段论""四阶段论"两种观点。

①三阶段论。有研究者依据研究水平将高校网络思想政治教育发展历程分为三个阶段：一是发生期（1994～1999年），主要在于揭示互联网现象、提出高校网络思想政治教育问题；二是全面启动期（2000～2004年），高校网络思想政治教育实践探索与理论研究并行发展；三是学科化建设期（2005年至今），高校网络思想政治教育研究对学科建构方面的理论探索不断深入，对重大实践问题的有效解决不断突破①。

②四阶段论。有研究者依据研究重点将高校网络思想政治教育发展历程归为四个阶段：一是网外关注阶段（1994～1999年），主要聚焦互联网对高校思想政治教育的冲击挑战；二是走进网络阶段（2000～2006年），主要聚焦互联网对高校思想政治教育的工具价值；三是主导网络阶段（2007～2011年），主要聚焦高校网络思想政治教育的方法创新与模式创新；四是自觉深入阶段（2012年至今），主要讨论高校网络思想政治教育的体系建设与系统构架②。

2. 成果述评

（1）高校网络思想政治教育基础理论建构持续推进

20多年来，在国家社科基金、省级社科基金、教育部人文社科基金的重点支持下，一批专家学者以高度的理论自觉长期致力于高校网络思想政治教育基础研究，发表出版了系列高校网络思想政治教育基础研究论文、论著，成果丰硕，卓有见地。一是科

① 张瑜. 网络思想政治教育研究：发展历程、问题与方法［J］. 思想理论教育导刊，2016，（10）：131 - 135.
② 唐登蓥，吴满意. 网络思想政治教育研究：历程、问题与转向［J］. 思想理论教育，2017，（1）：76 - 81.

学阐释了高校网络思想政治教育的基础理论问题，包括基本概念、基本范畴、基本观点等，初步实现了对互联网、大学生以及高校网络思想政治教育本质和规律的原理性把握，奠定了高校网络思想政治教育研究的坚实根基。二是深刻凝练了高校网络思想政治教育的基础理论特质，包括空间转移、理念转换、实践转向等，清晰呈现了高校网络思想政治教育区别于高校传统思想政治教育的领域特征、学科属性，廓清了高校网络思想政治教育研究的基本边界。三是系统建构了高校网络思想政治教育的基础理论框架，包括范畴体系、逻辑体系、理论体系等，整体提供了高校网络思想政治教育研究创新发展的学理基础、分析范式、前瞻视角，丰沛了高校网络思想政治教育研究的内生动力。

总而言之，历经 20 多年的求索积累，高校网络思想政治教育基础研究已然实现了量的跃升、取得了质的突破，并以其理论高度、理论深度、理论广度，为高校网络思想政治教育研究与实践提供了认识论上的观照和方法论上的指引。当然，理论研究永无止境，伴随互联网技术、互联网社会、互联网文化、互联网思维、互联网实践的发展，特别是伴随高校网络思想政治教育实践的发展，既有基础理论问题仍有待持续深化，新兴基础理论问题需要做出应对回答。展望未来，随着网络强国战略的实施、网络意识形态工作的加强、互联网大数据时代的发展，高校网络思想政治教育研究必将"进入更为系统而深入的基本原理和方法理论研究阶段，力争实现以学科体系化建设为目标的基础理论研究有效突破"①。

---

① 张瑜. 网络思想政治教育研究：发展历程、问题与方法［J］. 思想理论教育导刊，2016，（10）：132.

（2）"互联网思维"相关基础理论研究有待加强

基于对学界前期基础研究整体状况的梳理把握，笔者认为，当前高校网络思想政治教育基础研究的薄弱点主要存在于两个方面：一是"思想与行为"范畴研究，学界对互联网社会下思想与行为的新样态、新关系、新规律的认识仍有待深化，包括现实环境与网络环境交互作用下人的思想建构的特点规律、现实空间与网络空间场域切换间人的行为模式的特点规律、人的思想与人的现实行为的矛盾关系、人的思想与人的网络行为的矛盾关系等。二是"互联网思维"范畴研究，学界在从存在层面对网络空间、网络社会、网络交往、网络文化、网络实践等范畴进行认识的基础上，还需要从意识层面对互联网思维进行理解和把握，包括互联网思维的生成机制、结构要素、作用方式等，进而形成关于互联网的"存在与意识一体化"的整体性认识建构。

就思想与思维的本质关系而言，"思维是人脑的一种认知机制，以及人脑运用此种认知机制进行认知的行为"，"思想是思维的结果"，"思想的本质体现在思维和思想的关系之中"。① 因此，在高校网络思想政治教育基础研究中，"思想与行为"范畴研究与"互联网思维"范畴研究是逻辑关联、内在一体的，互为基础、互为前提，相互关联、相互作用，共同构成了揭示互联网时代人的思想品德形成发展规律、高校网络思想政治教育规律两大基本规律的原理性认识基础。其中，思维与思想的双向关系决定了"互联网思维"范畴研究的前置价值与优先意义，有利于为深化"思想与行为"范畴研究厘清基本逻辑机理，为发展高校网络思想政治教育基础理论体系提供新的理论资源。

---

① 瞿霭堂.思维·思想和语言［J］.民族语文，2004，（3）：3.

（二） 高校网络思想政治教育应用研究现状与成果述评

应用研究，是为达到特定实际目标或应用目标，探索新方法、新途径所进行的研究活动。应用研究有着具体的目标指向，但又常常以"反线性模式"推动基础研究实现跨越式发展。综观 20 多年来高校网络思想政治教育研究，学界基于高校网络思想政治教育基础研究，面向高校网络思想政治教育实践发展，从现状分析、理念凝练、内容规定、方法研究、队伍建设等方面全面推进高校网络思想政治教育应用研究，有力地助推了高校网络思想政治教育实践创新发展。

1. **研究现状**

（1） 现状分析

问题导向是高校网络思想政治教育应用研究的鲜明特征。学界关于高校网络思想政治教育现状与问题的把握，主要是从现象分析、质性分析两个层面展开。

①现象分析。有研究者提出了高校网络思想政治教育"四大困境"：高校传统思想政治教育主客体关系适应网络信息交互特点的困境；高校传统思想政治教育工作模式适应网络信息传播机制的困境；高校传统思想政治教育话语表达适应网络话语表达特点的困境；高校传统思想政治教育工作队伍适应网络思想引领要求的困境。①

②质性分析。有研究者提出了高校网络思想政治教育两个"基本矛盾"：网络世界内部虚拟性与现实性的矛盾；网络世界与

① 陆挺，杨文燮. 高校网络思想政治教育的困境分析及机制创新 ［J］. 思想理论教育导刊，2016，（7）：118－121.

现实世界的矛盾。两个层次的基本矛盾贯穿于高校网络思想政治教育实践的始终①。有研究者提出了高校网络思想政治教育"六大矛盾"：理念诉求与传统思维间的矛盾；主体与客体间的矛盾；平台载体与内容方式间的矛盾；传播规律与效度评估间的矛盾；理论与实践间的矛盾；教育战略与工作策略间的矛盾。同时，提出高校网络思想政治教育的主要矛盾是"师生对网络服务与教育需求的不断提高、高校对网络服务与教育主导性诉求的不断加强与高校网络思想政治教育实践水平有待提高间的矛盾"②。

（2）理念凝练

高校网络思想政治教育理念，是连接基础研究与应用研究的中枢与纽带，在高校网络思想政治教育应用研究中具有特殊重要的地位。研究者们基于理论，立足实践，集中讨论了人本化、生活化、个性化、互动化等理念。

①"人本化"理念。有研究者提出，高校网络思想政治教育应当立足互联网时代、紧扣大学生特点，着眼寻求融合"教师主导"和"学生主体"的核心关联点，树立"服务学生成长发展需求"理念，尊重学生主体地位，满足学生发展需要，注重学生成长体验③。另有研究者提出"双主体观"理念④。

②"生活化"理念。有研究者提出，高校网络思想政治教育

① 张瑜. 网络思想政治教育研究：发展历程、问题与方法［J］. 思想理论教育导刊，2016，（10）：131-135.
② 陈华栋. 当前高校网络思想政治教育的主要矛盾与思考［J］. 思想理论教育，2016，（2）：77-80.
③ 熊钰. 高校网络思想政治教育理念的发展和完善［J］. 思想理论教育，2018，（7）：80-83.
④ 周敦文. 论大学生网络思想政治教育的理念创新、手段创新和基层创新［J］. 学校党建与思想教育，2014，（2）：65-66.

疏离现实生活世界，表现为教育内容抽离了生活底蕴、教育要求远离了生活目标、教育过程失落了生活主体，提出了高校网络思想政治教育"生活化"理念，探讨了高校网络思想政治教育回归生活世界、融合生活实践的方法与路径①。

③"个性化"理念。有研究者提出，基于大数据技术，高校网络思想政治教育应当针对不同个体、群体思想行为特点和价值选择，进行分类、分层、分众，提供符合学生思想需求的个性化教育产品，同时注重引导学生结合自身发展需要进行自适应学习，进而实现教育效果最大化②。

④"互动化"理念。有研究者提出，切合网络人际互动特点，高校网络思想政治教育应当建构主客体间新的沟通方式，从"单向灌输式教育"向"双向交流式教育"转变③。

（3）内容规定

高校网络思想政治教育内容，是高校网络思想政治教育的"职责边界""责任清单"，具体规定高校网络思想政治教育所承担的使命任务。学界关于高校网络思想政治教育内容的讨论，主要存在内容同一、内容拓展两类观点。

①内容同一。有研究者提出，高校网络思想政治教育内容应以高校思想政治教育内容为基础，亦即包括思想教育、政治教育、道德教育、法治教育、心理教育，其中思想教育和政治教育

---

① 韩锦标，张元．高校网络思想政治教育生活化研究［J］．江苏高教，2016，（5）：116-119.

② 李怀杰，吴满意，夏虎．大数据时代高校网络意识形态建设探究［J］．思想教育研究，2016，（5）：75-79.

③ 崔家生．网络思想政治教育研究［M］．济南：山东画报出版社，2016：9-11.

是重点，同时应当结合网络舆论状况和现实社会问题针对性地加强网上宣传引导①。

②内容拓展。有研究者从大学生网络实践和发展需要出发，提出高校网络思想政治教育内容不应是高校思想政治教育内容的"简单网络化"，而应当拓展涵盖"网络自我"教育、"网络理性"培育、"网络实践精神"塑造②。同时，一批研究者就网络素养的内涵、构成、形态、内容等问题进行了深入探讨③，提出构建网络素养教学体系、实践体系、社会体系，从网络知识教育、网络能力培养、网络道德养成、网络心理调适四个维度全面提升大学生的网络素养④。

（4）方法研究

高校网络思想政治教育有着很强的应用性、实践性。高校网络思想政治教育方法，是高校网络思想政治教育应用研究的重中之重。学界关于高校网络思想政治教育方法的研究，主要是从原则方法、具体方法两个层面展开。

①原则方法。有研究者着眼网络治理，提出"趋利避害，为我所用；主动出击，疏堵结合；整体联动，优势互补"原则⑤。有研究者着眼网络特性，提出"前瞻性、渗透性、主体性、实践

① 司忠华. 网络思想政治教育"碎片化"灌输的缘由、内涵与策略［J］. 思想教育研究，2017，(8)：100－105.

② 谢玉进，吕雪飞. 论网络思想政治教育内容拓展［J］. 继续教育研究，2017，(5)：88－91.

③ 王昊. 新形势下大学生的网络文明素养提升研究［J］. 思想理论教育导刊，2018，(1)：139－143.

④ 熊钰，赵晨，石立春. 大学生网络素养教育的内容与路径［J］. 高校辅导员，2017，(4)：41－46.

⑤ 管磊. 网络思想政治教育构建的原则与方法［J］. 南京政治学院学报，2003，(5)：93－95.

性、疏导性"原则①。有研究者着眼时代特征，提出"扎根中国大地、以学生为中心、一切从实际出发"原则②。有研究者着眼融合互动，提出"科学性与价值性结合、虚拟性与现实性结合、主体性与主导性结合、主动传播与引导选择结合"原则③。有研究者着眼方向把握，提出"坚持和遵循国家主流意识形态与核心价值观念、坚持和遵循教育规律、坚持和遵循网络环境下网民自身成长发展的规律"原则④。有研究者着眼系统建构，提出"坚持马克思主义指导思想不动摇是根本，以社会主义核心价值体系引领网络文化发展是核心，利用技术手段提高对网络信息传播与反馈的控制能力是关键，积极制定与完善网络意识形态安全各项法律法规是保障，努力创新网络意识形态安全工作管理体制机制是动力"⑤。

②具体方法。主要观点大致可以归为网络平台建设、网络内容建设、网络文化建设、网络依法治理、网络舆论引导五个方面。

网络平台建设。代表性观点包括：推进高校思想政治教育主题网站、博客、微博、微信建设，推进校务微博、校园微信公共

---

① 吴倬，张瑜. 论高校网络德育工作的几个基本原则与方法 [J]. 思想教育研究，2009，(1)：8-12.

② 林立涛. 新形势下提升大学生网络思想政治教育针对性的思考 [J]. 思想教育研究，2017，(6)：88-90.

③ 郑永廷，胡树祥，骆郁廷. 思想政治教育方法论 [M]. 北京：高等教育出版社，2010：42-68.

④ 吴满意. 论网络思想政治教育过程的基本特征 [J]. 毛泽东思想研究，2012，(4)：86-91.

⑤ 赵惜群，翟中杰，黄蓉. 网络意识形态安全观内涵解读 [J]. 当代教育理论与实践，2014，(1)：40-42.

账号平台建设①，打造高校思想政治教育信息矩阵②，建设高校思想政治教育"慕课"③、微课④、精品视频公开课、精品资源共享课⑤，建设网络意识形态大数据平台⑥。另有研究者专门就具体互联网应用的特征、特性与针对性策略做了专题研究，例如基于微信⑦、微博⑧、自媒体⑨、大数据⑩等的高校网络思想政治教育。

网络内容建设。研究者们普遍认同高校网络思想政治教育"内容为王"。代表性观点包括：创新内容，紧扣学生学习、生活、思想需要，推出原创性、权威性信息⑪。创新形式，遵循网

---

① 王莹，于钦明．高校网络思想政治教育工作创新研究［J］．思想理论教育导刊，2017，（4）：155－157.

② 黄明伟，任浩．微信视域下网络思想政治教育环境优化初探［J］．思想政治教育研究，2017，（2）：109－113.

③ 张瑜．西方慕课对我国意识形态安全的挑战及其应对［J］．思想理论教育，2017，（9）：78－83.

④ 郑国玉，李梁．高校思想政治理论课微课设计中的若干问题及其思考——以全国高校微课教学比赛参赛作品为例［J］．思想理论教育，2016，（6）：66－69.

⑤ 李德福．高校开展网络思想政治教育的困难及对策研究［J］．思想教育研究，2014，（1）：61－63.

⑥ 张瑜．大数据背景下我国网络意识形态建设论析［J］．高校马克思主义理论研究，2016，（2）：113－121.

⑦ 黄明伟，任浩．微信视域下网络思想政治教育环境优化初探［J］．思想政治教育研究，2017，（2）：109－113.

⑧ 杨立淮，徐百成．"微博"网络生态下的高校网络思想政治教育［J］．中国青年研究，2011，（11）：114－116.

⑨ 曾庆桃，胡树祥．网络自媒体演进及其对网络思想政治教育话语传播的新要求［J］．思想教育研究，2016，（3）：68－72.

⑩ 胡树祥，谢玉进．大数据时代的网络思想政治教育［J］．思想教育研究，2013，（6）：60－62，102.

⑪ 薛云云，张立强．网络圈群中的思想政治教育：问题、检视与对策思考[J]．思想教育研究，2017，（2）：84－87.

络传播规律，主动转换话语体系①，善用非文字符号表达②，善用"碎片化"策略③，增强吸引力、传播力。运用大数据技术，进行"学生画像"，形成对学生思想政治状况的可视化描述④，进而有针对性地实现信息推送的精准化、个性化⑤。最终，形成高校网络思想政治教育基于知识信息、文化产品、网络服务的价值渗透机制⑥。

网络文化建设。代表性观点包括：网络文化建设必须坚持马克思主义指导、社会主义方向、人的全面发展以及和谐社会建设目标⑦，必须坚持政府主导、网络法治建设和网民媒介素养提升原则⑧。在宏观层面上，以社会主义核心价值观引领网络文化建设，把社会主义核心价值观融入网络文化建设的内容供给、传播过程、服务机制和治理方式中⑨，营造健康网络文化氛围，创新

① 林伯海，熊钰．高校思想政治教育话语体系现状观察与转换理路［J］．高校辅导员，2018，（1）：22-25.
② 寇晓燕．网络图像时代高校思想政治教育的视域转换［J］．教育评论，2017，（4）：76-79.
③ 司忠华．网络思想政治教育"碎片化"灌输的缘由、内涵与策略［J］．思想教育研究，2017，（8）：100-105.
④ 李怀杰，吴满意，夏虎．大数据时代高校网络意识形态建设探究［J］．思想教育研究，2016，（5）：75-79.
⑤ 黄明伟，任浩．微信视域下网络思想政治教育环境优化初探［J］．思想政治教育研究，2017，（2）：109-113.
⑥ 陆挺，杨文燮．高校网络思想政治教育的困境分析及机制创新［J］．思想理论教育导刊，2016，（7）：118-121.
⑦ 徐仲伟．论我国网络文化中的非意识形态倾向与网络文化建设的主题把握［J］．马克思主义研究，2008，（7）：85-89.
⑧ 林凌．用社会主义核心价值体系引领网络文化建设［J］．马克思主义研究，2011，（2）：118-122.
⑨ 邓海林．网络文化自觉：论网络文化建设中的价值引领及其路径构建［J］．江苏社会科学，2018，（3）：11-16.

网络文化传播方式，提升网络文化内容品质①，实现网络文化自觉，培育网络文化自信②。在微观层面上，推进深层的精神文化、中层的制度文化以及表层的物质文化、行为文化建设③，把握生产源头，重视传播环节，完善反馈机制④，加强网络创作、网络包装、网络扩散，策划网络文化活动，打造网络文化精品，推动主流意识形态网络原创成果发展⑤，培育大学生网络文化工作室⑥，提升网络文化传播力、感染力。

网络依法治理。代表性观点包括：立足主体观照微观视角，着眼网民生活样态，构建基于网民间性关系、心态秩序、交往实践的网络社会治理路径⑦。立足公共管理中观视角，加强网络法治建设，依法加强网络管理，清理网络不良信息，引导网民守法上网⑧。立足综合治理宏观视角，建立"人—机—环境网络文化安全体系"，其中"人"指涉教育体系，"机"指向技术防范体

① 杨红英. 推进网络文化建设增强社会主义核心价值观凝聚力 [J]. 学校党建与思想教育, 2018, (8)：20 - 23.

② 张景珊, 张宇. 网络文化传播与当代中国文化自信生成的路径探讨 [J]. 理论导刊, 2018, (1)：82 - 87.

③ 周福战, 侯庆敏, 许剑. 建构高校网络文化建设管理机制 [J]. 中国高等教育, 2017, (Z3)：46 - 48.

④ 畅军亮. 高校网络文化作品现状分析及创新策略 [J]. 思想理论教育, 2017, (11)：78 - 81.

⑤ 杨文华. 网络文化的意识形态渗透及其应对 [J]. 理论与改革, 2010, (6)：111 - 113.

⑥ 林东伟. 怎样培育大学生网络文化工作室 [J]. 中国高等教育, 2018, (5)：36 - 38.

⑦ 唐登蕓, 吴满意. 网民问题：网络社会治理的切入点 [J]. 求实, 2017, (9)：56 - 68.

⑧ 李振秋. 五大发展理念是构建网络思想政治教育阵地的必然遵循 [J]. 学校党建与思想教育, 2017, (2)：53 - 55.

系，"环境"对应相关政策法规及标准规范①，亦即"以自律为基础、以他律为约束、以技术为保障"的三维管理机制②。

网络舆论引导。代表性观点包括：在战略层面上，立足新型信息媒介的发展演变、传播规律和社会影响，把握网络技术创新应用的前沿和高校网络思想政治教育的发展特点，探索基于"媒介—信息—用户"逻辑关系链条的理论模式，把握网络舆论引导的机制和方法③；深入研究把握当前经济社会发展的阶段性特征，研究把握青年学生的网络思想行为特点，研究把握网络舆情的传播发展趋势和演变规律，改进创新网上宣传方法和策略，科学运用战略战术，提升议题设置能力，深入开展网络舆论引导，把握好网上舆论引导的时、度、效④。在战术层面上，建立网络舆情反馈机制，构建网上调查分析机制、焦点议题追踪机制、海量信息甄别机制，掌握学生思想动态，引导网络舆情舆论⑤；掌握网络舆情危机发生的诱发因素、发生机制，遵循"真诚表态、尊重事实、快速反应、持续跟进、依法处置"原则，构建监测预警体系、应急处置体系、现实处置体系，妥善处置网络舆情危机⑥。

---

① 王岑.从人—机—环境看网络文化安全体系的构建［J］.福建论坛（人文社会科学版），2009，（4）：147－151.
② 刘桂珍.网络传播与文化安全［J］.高校理论战线，2008，（10）：41－44.
③ 张瑜.大数据背景下我国网络意识形态建设论析［J］.高校马克思主义理论研究，2016，（2）：113－121.
④ 冯刚.探索思想政治教育发展的内生动力［M］.北京：人民出版社，2017：128.
⑤ 陆挺，杨文燮.高校网络思想政治教育的困境分析及机制创新［J］.思想理论教育导刊，2016，（7）：118－121.
⑥ 熊钰.高校网络思想政治教育研究［M］.北京：光明日报出版社，2018：133－150.

（5）队伍建设

高校网络思想政治教育队伍，是高校网络思想政治教育的关键。研究者们针对高校网络思想政治教育队伍存在的"三个不足"："能力不足""用力不足"①"实力不足"②，提出相应对策。

①队伍培训。代表性观点包括：加强高校网络思想政治教育队伍培训，提升网络媒介素养和网络应用能力③，增强理论驾驭能力、网络话语能力、网络监管能力④；培养高校网络思想政治教育复合型人才，培养具有思想政治教育学、心理学、传播学、社会学、新闻学、信息学、计算机科学等跨学科知识和能力的"微人才"⑤。

②队伍激励。代表性观点包括：建构高校网络思想政治教育主体身份，克服身份断裂，强化身份认同，激发高校网络思想政治教育队伍的责任感和使命感⑥；建立高校网络思想政治教育激励机制，探索优秀网络文章纳入教师工作量认定、科研成果统计、职务职称评聘⑦；明确高校网络思想政治教育责任要求，推

① 崔瑞霞，李艳．思想政治教育的网络辐射力探析［J］．思想教育研究，2017，（3）：31－35.

② 陆挺，杨文燮．高校网络思想政治教育的困境分析及机制创新［J］．思想理论教育导刊，2016，（7）：118－121.

③ 陈华栋．当前高校网络思想政治教育的主要矛盾与思考［J］．思想理论教育，2016，（2）：77－80.

④ 崔瑞霞，李艳．思想政治教育的网络辐射力探析［J］．思想教育研究，2017，（3）：31－35.

⑤ 司忠华．网络思想政治教育"碎片化"灌输的缘由、内涵与策略［J］．思想教育研究，2017，（8）：100－105.

⑥ 黄英燕，陈宗章．网络思想政治教育主体的主体性［J］．重庆邮电大学学报（社会科学版），2017，（5）：61－66.

⑦ 段洪涛，董欢，蒋立峰．优秀网络作品评定及其纳入教师评聘体系的应用研究［J］．思想理论教育，2016，（1）：79－84.

动工作队伍主动进入社交网络，关注学生思想动态，有针对性地引领学生思想成长①。

③队伍发展。代表性观点包括：培育"网络积极分子"，涵盖正式主体和非正式主体，形成高校网络思想政治教育共同体②；发挥学生网络思想政治教育主体作用，基于主体"去主体化"、客体"趋主体化"规律，组建以学生为主体的网络议题设计队伍、主导信息宣传队伍、负面信息监督队伍③。

2. 成果述评

（1）高校网络思想政治教育应用研究取得阶段成果

20 多年来，应对互联网时代高校思想政治教育面临的新形势新任务新挑战，一批实际工作者以强烈的使命担当积极投身高校网络思想政治教育应用研究与实践探索，在理念创新、模式创新、体系创新、方法创新等诸方面取得长足进步、实现突破进展。一是整体建构了高校网络思想政治教育的基本工作体系，从高校网络思想政治教育的根本任务出发，初步归理了涵盖价值引领、文化熏陶、依法治理、危机应对、素养培育的高校网络思想政治教育五大关键着力点，明确了高校网络思想政治教育研究的主攻方向。二是归纳总结了高校网络思想政治教育的典型做法经验，强化问题意识，坚持问题导向，系统梳理了高校网络思想政治教育建平台、建内容、建队伍等方面的做法经验，把辛苦转化为成果，把经验

---

① 苏晔. 高校思想政治教育要占领社交网络新阵地［J］. 思想理论教育导刊，2016，（4）：127 - 129.

② 黄英燕，陈宗章. 网络思想政治教育主体的主体性［J］. 重庆邮电大学学报（社会科学版），2017，（5）：61 - 66.

③ 陆挺，杨文燮. 高校网络思想政治教育的困境分析及机制创新［J］. 思想理论教育导刊，2016，（7）：118 - 121.

上升为科学，形成了高校网络思想政治教育研究的核心成果。三是探索建立了高校网络思想政治教育的资源转化机制，引入社会学、传播学、心理学等跨学科理论方法，借鉴国外经验模式，丰富和发展了高校网络思想政治教育研究的理论来源、分析范式、方法体系，拓展了高校网络思想政治教育研究的创新维度。

总之，高校网络思想政治教育应用研究遵循"从实践中来到实践中去"的研究原则，形成了一批可复制、可借鉴、可推广的优秀研究成果，并被直接运用于高校网络思想政治教育实践，有力地助推了高校网络思想政治教育实践创新发展。与此同时，高校网络思想政治教育实践发展不断提出新情况新问题，不断诞生新做法新经验，需要高校网络思想政治教育应用研究主动回应、科学总结，推动高校网络思想政治教育"从世界眼光、中国情怀、时代特征三个维度把握工作前沿，找到工作生长点，提升高校网络思想政治教育的科学化水平"[①]。

（2）"互联网思维"视域下的应用研究有待加强

基于对学界前期应用研究整体状况的梳理把握，笔者认为，当前高校网络思想政治教育应用研究的主要薄弱点在于理论联系实际、理论指导实践。网络社会、网络交往、网络文化、网络传播、网络实践乃至高校网络思想政治教育作为新的存在样态，有着区别于现实空间的特有规律。对于高校网络思想政治教育研究而言，根本任务在于把握高校网络思想政治教育规律和网络环境下人的思想品德形成发展规律。然而，毋庸讳言，当前相当一部分研究立足高校传统思想政治教育理念、思维、范式、方法展

---

① 冯刚. 创新网络思想政治教育的几点思考［J］. 学校党建与思想教育，2014，（3）：6.

开，所提出的方法策略往往未能脱出高校传统思想政治教育的思维方式、工作方式，背离了网络社会实际、违背了网络传播规律，带有"空对空""想当然"的色彩。"高校网络思想政治教育研究的焦点并未脱离高校传统思想政治教育研究的框架，与网络社会的大趋势和网民的需求变化并不同步，甚至存在冲突。"[①] 实践已经证明，将高校传统思想政治教育理念、模式、方法简单地复制移植到高校网络思想政治教育中是完全行不通的。

"人们要有效地认识世界和改造世界，就必须重视思维方法和工作方法，而且方法因其只能来自于对象的内容和运动规律，具有客观性，因此其形式上是主观的，内容上则是客观的。"[②] 在互联网时代，互联网实践能否取得成功，关键在于互联网思维这一思维方法，高校网络思想政治教育概莫能外。因此，今后一个阶段，高校网络思想政治教育应用研究的一个重点攻关方向，就是基于互联网思维基础研究成果，从互联网思维出发，创新和发展高校网络思想政治教育应用研究，提出符合互联网社会特征、互联网传播规律、互联网思维要求的高校网络思想政治教育新理念、新模式、新方法，增强高校网络思想政治教育的针对性、亲和力和实效性，开启高校网络思想政治教育理论研究与实践探索的新格局。

（三）基于互联网思维的高校网络思想政治教育研究现状与成果述评

在系统全面梳理分析 20 多年来高校网络思想政治教育基础

---

① 唐登蕓，吴满意．网络思想政治教育研究：历程、问题与转向［J］．思想理论教育，2017，（1）：78.

② 唐登蕓，吴满意．网络思想政治教育方法研究状况述评［J］．毛泽东思想研究，2018，（2）：147.

研究与应用研究的基础上，笔者认为，在高校网络思想政治教育研究中，"互联网思维"相关基础理论研究仍有待进一步深化，基于互联网思维的高校网络思想政治教育应用研究仍有待进一步探讨——面向 Web3.0 时代新形势新要求，高校网络思想政治教育基础理论研究的重中之重是要深化互联网思维基础理论研究，进而基于互联网思维基础理论研究深化对互联网时代人的思想品德形成发展规律和高校网络思想政治教育规律的认识，推进高校网络思想政治教育实践创新发展。

鉴此，笔者进一步以"互联网思维"&"思想政治教育"为检索式进行了二次文献检索，发现互联网思维范畴以及基于互联网思维的高校网络思想政治教育研究是高校网络思想政治教育研究的新方向、新选题，相关研究始自 2015 年前后，现今尚且处在起步阶段，研究成果相对较为零散，不够系统深入，主要集中在概念界定、反思检视以及实际运用三个方面。

1. 研究现状

（1）互联网思维基本概念

互联网思维概念定义是互联网思维研究展开的基本前提。综观既有研究成果，思想政治教育学界在互联网思维商业解读的基础上，尝试对互联网思维概念进行定义，代表性观点主要包括三种。

①对象说——从互联网思维对象的角度进行定义。有研究者认为互联网思维是运用互联网技术及其应用的特点，改善人与人、人与物、人与信息、人与社会、人与自然以及物与物之间关系的规律和方法①。有研究者认为互联网思维的生成依赖于网络

---

① 刘双胤，耿明月，徐士博. 基于互联网思维对思想政治理论课若干问题的思考 [J]. 思想政治教育研究，2015，(12)：57－60.

工具及网络技术的充分利用，是人们在社会生活中对自身的生存与发展自觉做出的网络化思考方式①。有研究者聚焦高校思想政治教育价值传播，认为高校思想政治教育价值传播的互联网思维是指教育主体在开展思想政治教育的过程中对教育客体、教育介体、教育环体乃至整个价值传播生态具有的网络化思考方式②。

②机制说——从互联网思维机制的角度进行定义。有研究者认为互联网思维是充分利用互联网的方法、规则和精神进行工作、学习、思考、生活的新思维方式，其实质是在新媒体环境下的一种与互联网特点相适应的思维特质③。有研究者认为互联网思维是在互联网、大数据、云计算等科技手段的支持下，运用互联网的技术和方法来思考，利用互联网的规则和机会来创新，发挥互联网的精神和价值来思考，思维特质在于颠覆式创新、开放中参与、主体性体验④。有研究者认为互联网思维是互联网的抽象表现形式、系统化的思维模式，是以互联网的方式去思考问题，互联网思维不是技术而是观念和方法论，突出的是理念、思路与方法的转变⑤。

③形态说——从互联网思维形态的角度进行定义。有研究者认为互联网思维是一种体现"平等、开放、创新、共享、协作"

① 张国启，孙禄．论思想政治教育发展的互联网思维［J］．黑龙江高教研究，2015，（6）：107－110.
② 王秀敏，张国启．论思想政治教育价值传播的互联网思维［J］．思想教育研究，2015，（6）：45－49.
③ 阮俊华．互联网思维与育人机制［J］．中国青年研究，2015，（3）：110－102，114.
④ 金绪泽，魏冉．互联网思维下思想政治教育载体创新探讨［J］．山西师大学报（社会科学版），2015，（6）：152－155.
⑤ 陈华栋．互联网思维模式下高校网络思想政治教育的思考［J］．思想理论教育导刊，2016，（8）：116－118.

的思维模式和精神①。有研究者认为，互联网思维是开放性的思维、平等性的思维、跨界性的思维、创新性的思维、充分利用大数据的思维②。有研究者认为互联网思维是互联网时代主导"互联网＋"的最主流、最显性的思维方式，呈现为用户思维、简约思维、极致思维、迭代思维、跨界思维、平台思维、社会化思维、大数据思维等思维形态，并就各种思维形态的核心理念、基本内容、主要特征、典型案例作了详细分析③。

（2）基于互联网思维检视高校思想政治教育

基于对互联网思维的理解和认识，思想政治教育学界对当前高校思想政治教育的理念和实践进行了系统深入的反思和检视，集中提出了现存的主要问题，代表性研究主要从两个维度展开。

①理念检视维度——基于互联网思维对高校思想政治教育理念、思维、思路进行检视。有研究者提出，高校传统思想政治教育的单向度思维、灌输式思维、实体性思维、显性化思维等思维方式不符合学生成长发展规律、互联网发展规律，阻滞了高校思想政治教育的实效性④。有研究者提出，高校思想政治教育需要从"递进式"思维向度向"递进＋关联式"思维向度转变，从传统的机构式"低维度"教育向新型的协同式"高维度"教育转

① 陈川．互联网思维下思想政治理论课教学创新［J］．内蒙古师范大学学报（哲学社会科学版），2016，（3）：145－148.
② 白洁．互联网思维与高校思想政治教育工作模式的融入性研究［J］．电子科技大学学报（社会科学版），2017，（1）：48－52.
③ 熊钰．高校网络思想政治教育研究［M］．北京：光明日报出版社，2018：70－85.
④ 张国启，孙禄．论思想政治教育发展的互联网思维［J］．黑龙江高教研究，2015，（6）：107－110.

变，从注重理性向关注感性转变①。

②实践检视维度——基于互联网思维对高校思想政治教育方式、方法、模式进行检视。有研究者提出，高校思想政治教育主体权威的思想仍强大，互联网思维并未完全融入工作实践；话语体系的转型仍不够，互联网思维的接入与接收尚未达成同步；有效资源的聚合仍薄弱，互联网思维倡导的参与性尚未有效实现②。有研究者提出，高校传统思想政治教育聚焦群体共性、采用单向传播、自上而下推进、行政主导色彩突出，与互联网的弱化中心、强调交互、注重个性在逻辑上形成鲜明冲突③。有研究者对照用户思维、简约思维、极致思维、迭代思维、跨界思维、平台思维、社会化思维，从吸引力、量与质、重要性、时代性、创新性、整合力、影响力七个方面对高校思想政治教育现状进行了全面思考和系统反思④。

（3）运用互联网思维创新高校思想政治教育

"用互联网思维来推动思想政治教育创新发展，实现思想政治教育传统优势与信息技术高度融合，增强其时代感和吸引力，是当前必须面对和解决的一个紧迫课题。"⑤ 近几年来，思想政治教育学界立足互联网思维的研究、反思与启示，提出运用互联网

① 刘虎，王超．互联网思维下思想政治教育的创新策略 [J]．南京航空航天大学学报（社会科学版），2016，（2）：92–96.
② 陈华栋．互联网思维模式下高校网络思想政治教育的思考 [J]．思想理论教育导刊，2016，（8）：116–118.
③ 刘虎，王超．互联网思维下思想政治教育的创新策略 [J]．南京航空航天大学学报（社会科学版），2016，（2）：92–96.
④ 熊钰．高校网络思想政治教育研究 [M]．北京：光明日报出版社，2018：70–85.
⑤ 冯刚．互联网思维与思想政治教育创新发展 [J]．学校党建与思想教育，2018，（2）：4.

思维创新高校思想政治教育的方法与策略，代表性研究主要从三个视角展开。

①存在第一性视角——聚焦高校思想政治教育的主要问题、关键症结，提出运用互联网思维创新高校思想政治教育的方法策略。有研究者针对高校思想政治教育接入互联网思维的困境与制约，提出加快发展定位使高校思想政治教育能尽快形成对互联网思维的"价值认同"，加快话语方式转变使高校思想政治教育话语表达更加"网络化"，加快平台资源整合使高校思想政治教育尽快形成一批"工作品牌"①。有研究者着眼网络舆论工作格局调整与社会舆论生态变化的现实境况，提出高校思想政治教育主体需要不断优化教育理念，把握教育客体成长需求，融入教育客体网络生存；高校思想政治教育客体应当调整心理习惯，在网络生存中提升思维方式与行为方式的科学性；高校思想政治教育环体持续改变介入方式，推进内容共享与协同创新，增进教育客体的获得感和满足感②。有研究者聚焦高校思想政治教育范式转换的必要性和紧迫性，提出高校思想政治教育范式要从社会本位转向学生本位，从单向传播转向双向互动，由现实空间转向网络空间，由"单打独斗"转向"协同育人"③。

②思维能动性视角——立足互联网思维的精神理念、规则方法，提出运用互联网思维创新高校思想政治教育的方法策略。有

① 陈华栋. 互联网思维模式下高校网络思想政治教育的思考 [J]. 思想理论教育导刊，2016，(8)：116-118.
② 王秀敏，张国启. 论思想政治教育价值传播的互联网思维 [J]. 思想教育研究，2015，(6)：45-49.
③ 马林海. 大学生思想政治教育范式转换与辅导员核心能力的提升——基于互联网思维的视角 [J]. 高校辅导员学刊，2015，(5)：49-53.

研究者提出，应遵循用户思维，满足青年学生成长发展的期待；遵循平台思维，增强高校思想政治教育的包容性和互动性；遵循跨界思维，增强高校思想政治教育协同育人合力；遵循迭代思维，增强高校思想政治教育的创新性和创造力；遵循大数据思维，增强高校思想政治教育的生动性和智能化①。有研究者提出，应基于用户思维进行高校思想政治教育创新，基于迭代思维进行高校思想政治教育"微创新"，基于大数据思维实现高校思想政治教育科学化，基于社会化思维探索高校思想政治教育"众包"模式，基于平台思维进行高校思想政治教育资源融合创新②。有研究者提出，应运用用户思维建设课程共享载体，运用简约思维建设无纸化教学评估载体，运用社会化思维建设协同教育载体，运用平台思维建设线上活动载体，运用跨界思维建设学科融合载体③。

③存在与思维同一视角——把握互联网思维与高校思想政治教育的关联点，提出运用互联网思维创新高校思想政治教育的方法策略。有研究者提出，应建立新的教育理念、建立新的质量标准、建立新的激励机制，推进高校思想政治教育产品创新；遵循互联网传播规律、利用互联网传播渠道、使用互联网话语体系，推进高校思想政治教育传播创新；建立平台化模式、建立平台型组织，推进高校思想政治教育平台创新④。有研究者提出，思维

---

① 冯刚. 互联网思维与思想政治教育创新发展 [J]. 学校党建与思想教育，2018，(2)：4 - 8.
② 张立. 互联网思维对思想政治教育创新的启示 [J]. 理论月刊，2016，(4)：50 - 53.
③ 金绪泽，魏冉. 互联网思维下思想政治教育载体创新探讨 [J]. 山西师大学报 (社会科学版)，2015，(6)：152 - 155.
④ 熊钰，林伯海. 基于互联网思维的高校思想政治教育创新研究 [J]. 学校党建与思想教育，2017，(2)：73 - 74.

方式转型要做到遵循互联网逻辑重塑兼容并包的新体系；主体观念转型要做到坚持以人为本，凸显高校思想政治教育受众的主体地位；传播平台转型要做到实现系统资源整合，搭建深度融合的互联网思想教育新平台；学科发展转型要做到推动多学科跨界融合，建立适应互联网发展的学科和队伍；应用能力转型要做到合理运用大数据，加强受众行为预测和分析①。有研究者提出，应树立"多主体—去中心化"的育人理念，形成"强交互—微创新"的信息采集采纳机制，打造"无边界—有共识"的绿色育人生态平台，建立"小个人—大数据"的学生全方位立体发展档案②。

2. 成果述评

（1）互联网思维基础理论研究有待深化

思想政治教育学界关于互联网思维的定义，看到了互联网技术对互联网思维的衍生作用，反映了互联网思维与传统思维的根本区别，强调了互联网思维所具有的方法论意义，对于推进互联网思维相关研究深入开展有着重要的先导性价值。恩格斯指出："每一个时代的理论思维，从而我们时代的理论思维，都是一种历史的产物，它在不同的时代具有完全不同的形式，同时具有完全不同的内容。"③ 总体而言，互联网思维概念提出时间相对较短、专门研究相对较少，相关研究对于互联网思维的理解仍处在表层状态、初始阶段，对于互联网思维本质的认识仍有待深化，具体表现如下。一是对于互联网思维的生成基础研究不够，互联

---

① 刘虎，王超. 互联网思维下思想政治教育的创新策略 [J]. 南京航空航天大学学报（社会科学版），2016，(2)：92-96.

② 白洁. 互联网思维与高校思想政治教育工作模式的融入性研究 [J]. 电子科技大学学报（社会科学版），2017，(1)：48-52.

③ 恩格斯. 自然辩证法 [M]. 北京：人民出版社，2018：42.

网思维的生成基础固然首在互联网技术，亦应包括互联网社会、互联网文化、互联网实践，仅从互联网技术角度认识互联网思维失之偏颇。二是对于互联网思维的内在本质把握不够，何谓互联网的方式、互联网的规则、互联网的精神？互联网思维概念定义，亟待进一步聚焦对本质规律的揭示，进一步深化对内在特征的抽象。三是对于互联网思维的学科价值解读不够，互联网思维问题直接关涉网络环境下人的思想品德形成发展规律、高校思想政治教育规律，互联网思维概念界定宜充分彰显高校思想政治教育学科自觉。需要特别强调的是，在互联网思维概念定义中，要注意避免囿于有关互联网思维的商业解读，而需要对互联网思维进行多层面、全方位的理解和认识，包括互联网精神、互联网价值观、互联网方法论等。此外，从基础研究视角看，互联网思维的生成机制、结构层次、属性特征、价值功能、作用机理等问题研究仍基本处于空白状态，相关理论研究亟待深入开展。

（2）基于互联网思维检视高校思想政治教育研究有待深化

当前，思想政治教育学界以互联网思维为参照系，从理念和实践两个维度，分析了高校思想政治教育现存的主要问题、关键症结，明确了高校思想政治教育创新的主攻方向、关键环节，对于推进互联网环境下高校思想政治教育攻坚克难、重点突破具有重要的基础性价值。但是，相关研究在认知维度、分析范式上仍存在掘进深度、拓展空间，具体表现为以下几点。一是对于思维主体的观照不够，思维是人的思维，无论理念问题抑或实践问题，究其根本在于人这一思维主体本身，相关研究亟待聚焦高校思想政治教育主体、客体互联网思维状况研究，以此牵引互联网环境下高校思想政治教育规律研究和人的思想品德形成发展规律研究。二是对于根本问题的把握不够，"互联网正在重新定义现有的一切"①，高校思想政治教育现存的诸多问题，既源于传统思维下工作方式、工作模式的局限，更源于传统思维下管理体制、顶层设计的束缚，宜从互联网思维出发对当前高校思想政治教育管理体制进行全面检视。三是对于成功经验的总结不够，互联网思维自互联网技术诞生即孕育其中，而非凭空产生，以互联网思维检视高校思想政治教育，既要注重发现问题，亦要注重总结经验，加强对体现互联网思维的高校思想政治教育典型案例的分析研究，毕竟实践才是检验真理的唯一标准。

（3）运用互联网思维创新高校思想政治教育研究有待深化

思想政治教育学界从不同视角提出了运用互联网思维创新高校思想政治教育的方法和策略，打开了高校思想政治教育方法研究的新视界，催生了高校思想政治教育方法研究的新成果，对于推进互联网环境下高校思想政治教育创新发展、增强实效具有重要的指导性价值。恩格斯指出："我们关于我们周围世界的思想对这个世界本身的关系是怎样的？我们的思维能不能认识现实世界？我们能不能在我们关于现实世界的表象和概念中正确地反映现实？用哲学的语言来说，这个问题叫做思维和存在的同一性问题。"② 由于互联网思维相关研究仍处在起步阶段，运用互联网思维创新高校思想政治教育相关研究仍在以下三个方面有待加强和深化。一是具体方法研究不够，相关研究多从原则方法层面展开，谈理念、谈思路者多，谈操作、谈办法者少，鲜有提出可复

---

① 喻国明. 媒介革命——互联网逻辑下传媒业发展的关键与进路 ［M］. 北京：人民日报出版社，2015：3.

② 马克思恩格斯选集（第 4 卷）［M］. 北京：人民出版社，2012：231.

制、可借鉴、可推广的解决方案，高校思想政治教育研究亟待打通从互联网思维到互联网实践的"最后一公里"。二是整体建构研究不够，相关研究多从高校思想政治教育某一方面或某几方面展开，比较零散、孤立，缺乏互联网思维下高校思想政治教育体系的系统创新、整体建构的思考和讨论，难以有效支撑互联网环境下高校思想政治教育的系统化变革。三是域外经验借鉴不够，互联网思维下的互联网实践创新有着诸多鲜活的经验、成熟的模式，星落于技术、商业、传播、文化、管理等诸领域，对于互联网思维下的高校思想政治教育创新具有现实借鉴意义，亟待主动汲取、为我所用。

二　国外研究现状与成果述评

早在世纪之交，西方在人文社会历史意义上的互联网研究已经展开，一批代表性著作也被陆续译介到中国。阿尔温·托夫勒（Alvin Toffler）在《第三次浪潮》中将未来社会定义为"信息社会"[①]。尼古拉·尼葛洛庞帝（Nicholas Negroponte）在《数字化生存》中描述了人的数字化生存景观[②]。唐·泰普斯科特（Don Tapscott）在《数字化成长——网络世代的崛起》中定义了"网络世代"（Net Generation，简称 N 世代）的概念，阐释了"网络世代"的文化主题、个性特征[③]。曼纽尔·卡斯特（Manuel Cas-

---

① 〔美〕阿尔温·托夫勒. 第三次浪潮 ［M］. 朱志焱，潘琪，张焱译，北京：生活·读书·新知三联书店，1984.

② 〔美〕尼古拉·尼葛洛庞帝. 数字化生存 ［M］. 胡泳，范海燕译，海口：海南出版社，1996.

③ 〔美〕唐·泰普斯科特. 数字化成长——网络世代的崛起 ［M］. 陈晓开，袁世佩译，大连：东北财经大学出版社，McGraw – Hill 出版公司，1999.

tells）在信息时代三部曲第一卷《网络社会的崛起》中分析了信息技术革命对经济、文化、社会的影响，构建了系统的网络社会理论①。劳伦斯·莱斯格（Lawrence Lessig）在《思想的未来：网络时代公共知识领域的警世喻言》中表达了对技术和法律双重控制下互联网"通往封闭之路"的担忧与不安②。此外，具代表性的还有克里斯·安德森（Chris Anderson）的"长尾理论"③、马克斯韦尔·麦库姆斯（Maxwell McCombs）的"议程设置"④ 等。

沿着这一问题继续向前回溯，加拿大原创媒介理论家马歇尔·麦克卢汉（Marshall McLuhan）的《理解媒介：论人的延伸》和法国社会心理学家古斯塔夫·勒庞（Gustave Le Bon）的《乌合之众：大众心理研究》两部经典理论著作钩沉而出。马歇尔·麦克卢汉以其天才的预见提出了"媒介即是讯息""媒介是人的延伸"的观点，阐述了媒介对于人类社会、思维模式的影响⑤，《理解媒介：论人的延伸》这部早于互联网五年问世的著作被誉为"互联网思维的奠基之作"。古斯塔夫·勒庞深刻地阐述了群体与群体心理特征，分析了人在群体状态下的观念、认知、情感、思想、行为、道德观等方面的特征，解读了群体在心理趋同、情绪感染和心理暗示下容易呈现盲目、冲动、狂热、轻信的

① 〔美〕曼纽尔·卡斯特．网络社会的崛起［M］．夏铸九，王志弘等译，北京：社会科学文献出版社，2006．
② 〔美〕劳伦斯·莱斯格．思想的未来：网络时代公共知识领域的警世喻言［M］．李旭译，北京：中信出版社，2004．
③ 〔美〕克里斯·安德森．长尾理论［M］．乔江涛译，北京：中信出版社，2006．
④ 〔美〕马克斯韦尔·麦库姆斯．议程设置：大众媒介与舆论［M］．郭镇之，徐培喜译，北京：北京大学出版社，2008．
⑤ 〔加〕马歇尔·麦克卢汉．理解媒介：论人的延伸［M］．何道宽译，南京：译林出版社，2019．

特征①，这无疑为网络社会人的群体思想和行为提供了基本理论分析框架，成为"分析群体行为不得不读的文献"。

随着互联网技术的发展、互联网社会的崛起，近十年来，西方研究者在人文社会历史意义上的互联网研究愈发深入、愈发细化，并且越来越多地触及人的思想、思维、观念、心理层面，尝试找到互联网改造社会、改造文化乃至改造人本身的"密码"。米奇·乔尔（Mitch Joe）分析阐释了互联网时代"以个体为连接点"整体观点下社交媒体传播、实用价值至上、被动式媒体与主动式媒体融合、大数据分析、内容与情景交织为王等新理念，勾勒了互联网时代"重启"思维、更新思维模式、建立互联网思维，成为"数字直立人"的前行路线图②。杰伦·拉尼尔（Jaron Lanier）在对互联网缔造的全新社会关系、文化生产体系的审视中，以其独特视角对时下互联网时代看似理所当然的思想观念、思维方式、运行法则提出了质疑和批判，尽管他所抛出的一些观点不无理想主义色彩，仿若"乌托邦网络"，但亦不失为认识互联网、理解互联网提供了一个新的视角、新的维度③。

维克托·迈尔 - 舍恩伯格（Viktor Mayer - Schönberger）、肯尼思·库克耶（Kenneth Cukier）对大数据时代、大数据思维做了深刻阐释。他们提出，大数据是"一场生活、工作与思维的大变革"，"大数据是人们获得新的认知、创造新的价值的源泉"，"大

---

① 〔法〕古斯塔夫·勒庞. 乌合之众：大众心理研究［M］. 马晓佳译，北京：民主与建设出版社，2018.

② 〔加〕米奇·乔尔. 重启：互联网思维行动路线图［M］. 曲强译，北京：中信出版社，2014.

③ 〔美〕杰伦·拉尼尔. 互联网冲击：互联网思维与我们的未来［M］. 李龙泉，祝朝伟译，北京：中信出版社，2014.

数据时代将要释放出的巨大价值使得我们选择大数据的理念和方法不再是一种权衡，而是通往未来的必然改变"。在大量实例研究的基础上，他们将大数据时代的思维变革萃取为"更多""更杂""更好"，亦即"不是随机样本而是全体数据"，"不是精确性而是混杂性"，"不是因果关系而是相关关系"，提出通过数据一切、数据应用、数据创新以及数据、技术和思维的融合，开发数据这一神奇的"钻石矿"①。

雷切尔·博茨曼（Rachel Botsman）、路·罗杰斯（Roo Rogers）深度解读了美国互联网企业共享模式的发展历程，在此基础上分析阐述了互联网时代"我的就是你的"的共享思维。值得一提的是，他们提出的一些观点颇有意味、引人深思，譬如"优于私人占有"，"协同社会的序幕"，"传统时代被污蔑指责的集体化现象——合作、集体、社群等，正经历变革，以一种全新的、更有价值的社会合作群体形式呈现"，"协同消费最大的魄力在于，它跨越了资本主义和社会主义之间的意识形态，找到了一个共同的社会资源分配方式……在严格的主义教条之外，找到一个融合点"，等等②。

尼克·比尔顿（Nick Bilton）以《纽约时报》研究与发展实验室使用者界面专员的视角，阐释了新媒体时代媒体形态、传播样态、信息加工方式、信息交互过程、受众信息获取习惯、受众信任关系建立等各方面的"数字变形"，"解释浏览（navigation）、聚合（aggregation）与叙事（narrative）正在如何转变"，

---

① 〔英〕维克托·迈尔—舍恩伯格，肯尼思·库克耶. 大数据时代［M］. 盛杨燕，周涛译，杭州：浙江人民出版社，2013.

② 〔美〕雷切尔·博茨曼，路·罗杰斯. 共享经济时代：互联网思维下的协同消费商业模式［M］. 唐朝文译，上海：上海交通大学出版社，2015.

并且鉴于"新科技已将每个人准确无误地安置在自己的地图上"，强调未来的故事讲述、信息传播必须高度个性化，为单一传媒受众——"我"，量身打造①。特里·弗卢（Terry Flew）全面介绍了新媒体发展历史、基础理论与应用技术，深度诠释了新媒体的 20 个关键词，就社交网络媒体属性、参与式媒体文化形成、新媒体下高等教育变革、媒体融合发展等前沿议题做了深入探讨②。理查德·A. 格申（Richard A. Gershon）探讨了智能网络、媒介融合等数字媒介形式，剖析了数字媒介传播管理与设计策略上产品创新、流程创新、模式创新的若干典型案例③。克里斯蒂安·福克斯（Christian Fuchs）对社交媒体进行了批判性解读④。

约翰·布罗克曼（John Brockman）邀请 149 位世界顶尖的科学家、思想家和艺术家共同回答"人类思维如何与互联网共同进化"这一"大问题"，尽管零散、不系统，但却提供了理解互联网思维及其衍生发展进程的跨学科视角⑤。贾尔斯·科尔伯恩（Giles Colborne）从用户需求、用户体验出发，结合互联网时代人的心理、行为特征，阐释了简约理念，提出了合理删除、分层

---

① 〔美〕尼克·比尔顿. 翻转世界：互联网思维与新技术如何改变未来 ［M］. 王惟芬，黄柏恒，杨雅婷译，杭州：浙江人民出版社，2014.

② 〔澳〕特里·弗卢. 新媒体 4.0 ［M］. 叶明睿译，北京：人民日报出版社，2019.

③ 〔美〕理查德·A. 格申. 数字媒介与创新——传播管理与设计策略 ［M］. 谢毅译，北京：清华大学出版社，2018.

④ 〔英〕克里斯蒂安·福克斯. 社交媒体批判导言 ［M］. 赵文丹译，北京：中国传媒大学出版社，2018.

⑤ 〔美〕约翰·布罗克曼. 人类思维如何与互联网共同进化 ［M］. 付晓光译，杭州：浙江人民出版社，2017.

组织、适时隐藏、巧妙转移的简约四策略①。艾莉森·艾特瑞尔（Alison Attrill）着眼社群时代的在线关系、社交媒体和心理健康，针对虚拟空间生长出来的人格特质和呈现方式，阐释了互联网时代下动机、需求、欲望、愿望和能力如何以不同于线下的方式推动人的线上行为②。克劳斯·布鲁恩·延森（Klaus Bruhn Jensen）反对"媒介决定论"（信息和传播技术决定了社会与文化的组织形式），提出"由网络化的个人计算机和手机之类的数字媒介构成第三维度的媒介，它整合大众传播和不同的人际传播"，重新界定"媒介融合"，认为"从历史的角度而言，媒介融合可以被理解为一种交流与传播实践跨越不同的物质技术和社会机构的开放式迁移"，并从媒介物质、媒介意涵、媒介制度三个维度做了探讨③。

现今，西方研究者在人文社会历史意义上所展开的互联网研究，在国内已经颇具影响、蔚为风潮，一些词汇、观点已是耳熟能详，为本研究提供了思想上的启迪、方法上的借鉴。然而，互联网研究、互联网思维研究终究无法脱离社会现实，无法脱离"人"本身，中西方的意识形态差异、文化差异，特别是人的认知模式、思维方式的差异，决定了不能将西方研究成果简单地"拿来""移植"过来，作为理论分析框架抑或实践操作模式，而必须根植中国互联网社会、互联网实践、网民以及中国社会历史

---

① 〔英〕贾尔斯·科尔伯恩. 简约至上——交互式设计四策略 ［M］. 李松峰译，北京：人民邮电出版社，2018.

② 〔英〕艾莉森·艾特瑞尔. 互联网心理学：寻找另一个自己 ［M］. 于丹妮译，北京：电子工业出版社，2017.

③ 〔丹麦〕克劳斯·布鲁恩·延森. 媒介融合：网络传播、大众传播和人际传播的三重维度 ［M］. 刘君译，上海：复旦大学出版社，2012.

文化传统来讨论和理解"中国式"互联网思维，推动和发展"中国式"互联网创新。从这个意义上讲，关于互联网思维的讨论，应该既是"民族的"又是"世界的"，而且"民族的"优先于"世界的"。

第三节 研究意义与研究方法

一 研究意义

科研选题，关键在于把握热点、聚焦前沿。"热点前沿是思想政治教育理论和实践发展当中的重点问题，着眼于学科理论难点的讨论和新兴事物的探索，其中蕴含着许多值得挖掘和探讨的问题。"在高校网络思想政治教育研究中，"网络从产生之初就受到人们的关注，网络作为环境、作为载体对高校思想政治教育的影响也一直在探讨，随着研究的深入，我们更要关注技术层面之上的互联网思维，比如用户思维、平台思维、跨界思维等，对高校思想政治教育的影响，这就需要人们持续追踪高校网络思想政治教育这一热点问题。"①

本研究立足对时代背景、政策导向、对象特点的理解把握，建基对文献资料、实践经验、多学科理论和方法的吸收借鉴，择取互联网思维这一独特视角切入，基于"互联网＋"这一创新范式建构，研究阐释高校网络思想政治教育新范畴、新理念，研究提出高校网络思想政治教育新路径、新方法，具有一定的理论价

---

① 冯刚. 开展思想政治教育科学研究的选题设计和实施路径［J］. 高校辅导员学刊，2019，（2）：10.

值和现实的应用意义。

本研究的理论价值在于以下几点。

一是拓展高校网络思想政治教育新的理论范畴。互联网思维是与互联网实践相对应的基本范畴，是高校网络思想政治教育研究的理论基点，是研究和揭示互联网时代人的思想品德形成发展规律和高校网络思想政治教育规律不可或缺的重要维度。本研究以思维科学基本理论为理论基础和分析框架，突破既有关于互联网思维的经验化、碎片化认识，以理论自觉系统开展互联网思维的内涵本质、结构层次、属性特征、价值功能等基础理论问题研究，以学科自觉深入分析互联网思维作用和影响互联网时代人的思想品德形成发展规律、高校网络思想政治教育规律的内在机理和主要方面，拓展了高校网络思想政治教育研究的理论范畴，丰富了高校网络思想政治教育研究的理论蕴含。

二是发展高校网络思想政治教育新的研究范式。互联网时代的创新并行存在着"＋互联网"和"互联网＋"两种基本范式："＋互联网"属于"改良式创新"，以原行业为主体，强调运用互联网工具，提升原行业的质量和效益；"互联网＋"属于"颠覆式创新"，以互联网为主体，强调运用互联网思维，抓住原行业痛点痒点，颠覆原行业运行模式。本研究从互联网思维切入，实现了研究视角的转换——从以高校思想政治教育为主体视角审视互联网（高校思想政治教育怎样运用互联网）转换到以互联网为主体视角审视高校思想政治教育（互联网怎样改造高校思想政治教育），实现了研究范式的转换——从"高校思想政治教育＋互联网"研究范式转换到"互联网＋高校思想政治教育"研究范式。

三是建构高校网络思想政治教育新的研究框架。高校思想政治教育研究框架是以高校思想政治教育整体为对象设定的，涵盖概论、发展论、本质论、目的论、价值论、主导论、结构论、主体论、环境论、过程论、方法论、载体论、管理论等诸方面。[①]相较而言，高校网络思想政治教育作为高校思想政治教育的新分支，其研究框架相对更加具体收敛，研究重点侧重于价值论、方法论、载体论、管理论等方面，侧重于理念、方法、模式、管理等问题，特别是重点破解高校传统思想政治教育理念、方法、模式、管理在其互联网延伸中所出现的不适应问题。本研究将在充分汲取高校思想政治教育研究所确定的总原则和方法论丰厚养分的基础上，紧扣网络技术特点、网络社会特征、学生网络生活，着重致力于观念层面的理念研究，实践层面的路径研究、方法研究，进而建构高校网络思想政治教育新的研究框架。

本研究的应用意义在于如下几点。

一是推动高校网络思想政治教育实践创新发展。实效性问题是高校网络思想政治教育的核心问题，也是高校网络思想政治教育在实践中所面临的最大难题。本研究聚焦实效性问题，面向一线实际工作需要，运用互联网思维，实践"互联网＋"范式，整体研究提出涵盖理念发展、作品开发、传播优化、生态建设的高校网络思想政治教育"全生命周期实践体系"，将为党和政府主管部门规划高校网络思想政治教育提供参考和咨询，为高校创新网络思想政治教育提供方案和路径。

二是助力网络社会道德建设及其健康发展。网络社会是建立在技术规范、法治规范、道德规范的根基之上的，三者鼎足而

---

① 张耀灿，郑永廷，吴潜涛，骆郁廷. 现代思想政治教育学［M］. 北京：人民出版社，2006.

立、缺一不可，否则网络社会必将走向失序、异化甚至崩塌。本
研究以高校层面的网络思想政治教育为研究对象，亦可为国家层
面的网络社会道德建设、清朗网络空间营造、"中国好网民"培
育提供参考和借鉴，进而促进网络社会健康发展，为"网络强
国"战略深入实施筑牢网络社会道德根基。

二 研究方法

一是文献研究法。力求全面搜集、整理、占有课题研究相
关的具代表性的研究文献，吸收借鉴既有研究文献的理论、观
点和方法，并以之为课题研究的基础，澄明研究方向，启迪研
究思路，把准研究重点，将课题研究在现基础上向前推进、向
上拓展。

二是跨学科研究法。注重借鉴教育学、传播学、管理学、心
理学、思维科学、行为科学、信息科学等相关学科的理论、方
法，特别注重借鉴各领域各学科在应对互联网挑战中所新鲜生发
的新理念、新模式、新经验，在跨学科理论和方法的筛选、应
用、迁移中形成多学科、广谱式的"理论组合"和"方法组合"，
为本研究所用。

三是质性研究法。重视"通过研究者和被研究者之间的互动
对事物进行深入、细致、长期的体验"①，将研究工作融入笔者本
人以及科研团队、工作伙伴所从事的高校网络思想政治教育研究
和实践中，充分收集资料、分析资料，注重行为理解、意义建
构，进而形成解释性结论和一般性理论。

---

① 陈向明. 质的研究方法与社会科学研究 ［M］. 北京：教育科学出版社，
2000：10.

　　四是系统研究法。坚持全面、联系的观点，运用系统分析的方法，从研究对象整体出发，围绕认识层面的理念发展问题，实践层面的作品开发、传播优化、生态建设问题，既致力解决"怎么看"的问题，又致力解决"怎么办"的问题，着力构建相对完整、自成一家的理论观点和实践模式。

第二章

互联网思维研究的理论
基础与思想资源

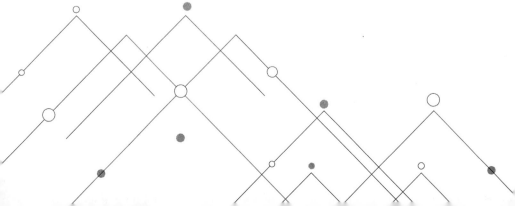

互联网思维，首先需要回溯至其上位概念——思维。思维作为一种意识活动、一种精神现象，有其特定的表现形式、内在本质、发展规律。思维作为一个科学问题、一个学科领域，有其特定的研究方法、范畴体系、理论框架。在本章中，笔者首先对国内外哲学、逻辑学、心理学、认知科学、思维科学等学科领域所开展的思维相关研究主要成果做了系统梳理、吸收借鉴，冀望能够"站在巨人的肩膀上"，为探究互联网思维的本质、阐明互联网思维的内涵外延以及实践互联网思维的学科运用奠定理论基础，建构理论框架，澄明理论进路，打开理论视野。

第一节　马克思主义经典作家思维研究论述

马克思、恩格斯在创立其理论学说的过程中，特别是在创立其唯物主义辩证法的过程中，对于思维给予特别注意，作了广泛而深刻的论述，集中于《自然辩证法》《反杜林论》《路德维希·费尔巴哈和德国古典哲学的终结》等著作中。恩格斯把"思维着的精神"称作"物质的最高的精华"[①]，将思维科学置于与

---

① 恩格斯. 自然辩证法 [M]. 北京：人民出版社，2018：27.

自然科学并列的位置上，指出"认识人的思维的历史发展过程，认识不同时代所出现的关于外部世界的普遍联系的各种见解，对理论自然科学来说也是必要的，因为这种认识可以为理论自然科学本身所要提出的理论提供一种尺度"①，并且强调："对于已经从自然界和历史中被驱逐出去的哲学来说，要是还留下什么的话，那就只留下一个纯粹思想的领域：关于思维过程本身的规律的学说，即逻辑和辩证法。"② 马克思、恩格斯建立在唯物辩证法基础上的思维观点，为思维研究提供了认识论和方法论上的指导。

一 思维是物质的产物的观点

"全部哲学，特别是近代哲学的重大的基本问题，是思维和存在的关系问题。"③ 恩格斯考察了从猿到人的转变过程，提出了"劳动创造了人本身"④ 的著名论断，论证了劳动和从劳动中产生的语言促进了思维器官——大脑的发展，进而为思维的发生发展准备了物质前提。"首先是劳动，然后是语言和劳动一起，成了两个最主要的推动力，在它们的影响下，猿脑就逐渐地过渡到人脑……随着脑的进一步的发育，脑的最密切的工具，即感觉器官，也进一步发育起来。"⑤ "脑和为它服务的器官、越来越清楚的意识以及抽象能力和推理能力的发展，又反作用于劳动和语

---

① 恩格斯. 自然辩证法［M］. 北京：人民出版社，2018：42.
② 恩格斯. 路德维希·费尔巴哈和德国古典哲学的终结［M］. 北京：人民出版社，2018：54.
③ 恩格斯. 路德维希·费尔巴哈和德国古典哲学的终结［M］. 北京：人民出版社，2018：17.
④ 恩格斯. 自然辩证法［M］. 北京：人民出版社，2018：303.
⑤ 恩格斯. 自然辩证法［M］. 北京：人民出版社，2018：307.

言，为这二者的进一步发展不断提供新的推动力。"①

从唯物主义立场出发，恩格斯进一步论证了思维是人脑的产物，是物质、自然界的产物。"究竟什么是思维和意识，它们是从哪里来的，那么就会发现，它们都是人脑的产物，而人本身是自然界的产物，是在自己所处的环境中并且和这个环境一起发展起来的；这里不言而喻，归根到底也是自然界产物的人脑的产物，并不同自然界的其他联系相矛盾，而是相适应的。"② "我们自己所属的物质的、可以感知的世界，是唯一现实的；而我们的意识和思维，不论它看起来是多么超感觉的，总是物质的、肉体的器官即人脑的产物。物质不是精神的产物，而精神本身只是物质的最高产物。"③

决裂于黑格尔把理性看作终极真理、"思维决定的思维规定""从观念推论出现实""精神、思维、观念是本源的东西，而现实世界只是观念的摹写"的唯心主义，马克思"抛弃德国唯心主义的最后残余，恢复物质事实的历史权利"，④ 鲜明地指出："我的辩证方法，从根本上来说，不仅和黑格尔的辩证法不同，而且和它相反。在黑格尔看来，思维过程，即他称为观念而且甚至把它变成独立主体的思维过程，是现实事物的创造主，而现实事物只是思维过程的外部表现。我的看法则相反，观念的东西不外是移入人的头脑并在人的头脑中改造过的物质的东

---

① 恩格斯. 自然辩证法 [M]. 北京：人民出版社，2018：307.

② 恩格斯. 反杜林论 [M]. 北京：人民出版社，2018：35 - 36.

③ 恩格斯. 路德维希·费尔巴哈和德国古典哲学的终结 [M]. 北京：人民出版社，2018：21.

④ 恩格斯. 自然辩证法 [M]. 北京：人民出版社，2018：329.

西而已。"① "思想、观念、意识的生产最初是直接与人们的物质活动，与人们的物质交往，与现实生活的语言交织在一起的。人们的想象、思维、精神交往在这里还是人们物质行动的直接产物。"②

马克思、恩格斯在批判黑格尔"把思维规律强加于自然界和历史"的基础上，指出思维是物质的产物，思维的规律也必须是客观的，从物质运动的形式中抽取，由物质运动的规律所决定，与物质运动的规律相符合。"在自然界里，正是那些在历史上支配着似乎是偶然事变的辩证运动规律，也在无数错综复杂的变化中发生作用；这些规律也同样地贯穿于人类思维的发展史中，它们逐渐被思维着的人所意识到。"③ "我们的主观思维和客观世界遵循同一些规律，因而两者的结果最终不能互相矛盾，而必须彼此一致，这个事实绝对地支配着我们的整个理论思维。这个事实是我们理论思维的不以意识为转移的和无条件的前提。"④ "思维规律和自然规律，只要它们被正确地认识，必然是互相一致的。"⑤ "人的思维是否具有客观的真理性，这不是一个理论的问题，而是一个实践的问题。人应该在实践中证明自己思维的真理性，即自己思维的现实性和力量，自己思维的此岸性。关于思维——离开实践的思维——的现实性或非现实性的争论，是一个纯粹经院哲学的问题。"⑥

---

① 马克思恩格斯选集（第2卷）[M]．北京：人民出版社，2012：93.
② 马克思恩格斯选集（第1卷）[M]．北京：人民出版社，1995：72.
③ 恩格斯．反杜林论[M]．北京：人民出版社，2018：10.
④ 恩格斯．自然辩证法[M]．北京：人民出版社，2018：182.
⑤ 恩格斯．自然辩证法[M]．北京：人民出版社，2018：105.
⑥ 恩格斯．路德维希·费尔巴哈和德国古典哲学的终结[M]．北京：人民出版社，2018：60.

二 思维是发展的过程的观点

马克思、恩格斯从唯物辩证法发展的观点出发，阐明了思维不是本源存在、一成不变的，而是一个发生发展的过程，一个从低级到高级的过程，一个从蒙昧到理性的过程。恩格斯指出，思维的发生是物质的本性，"进一步发展出能思维的生物，是物质的本性，因而凡在具备了条件（这些条件并非在任何地方和任何时候都必然是一样的）的地方是必然要发生的。"① 而思维的发展则是历史的，"历史从哪里开始，思维的进程也应当从哪里开始。而且思维进程的进一步发展不过是历史进程在抽象的、理论上前后一贯的形式上的反映"。② "每一个时代的理论思维，包括我们这个时代的理论思维，都是一种历史的产物，它在不同的时代具有完全不同的形式，同时具有完全不同的内容。因此，关于思维的科学，也和其他各门科学一样，是一种历史的科学，是关于人的思维的历史发展的科学。"③

正如通过系统考察自然科学的发生发展史，破除"自然界绝对不变的看法"④，得出"自然界不是存在着，而是生成着和消逝着的观点"⑤，恩格斯对人类思维的发生发展史进行了全面的考察。"从最初的动物中，主要由于进一步的分化而发展出动物的无数的纲、目、科、属、种，最后发展出神经系统获得最充分发展的那种形态，即脊椎动物的形态，而在这些脊椎动物中，最后又发展出这样一种脊椎动物，在它身上自然界获得了自我意识，

---

① 恩格斯. 自然辩证法［M］. 北京：人民出版社，2018：86.
② 马克思恩格斯选集（第 2 卷）［M］. 北京：人民出版社，2012：14.
③ 恩格斯. 自然辩证法［M］. 北京：人民出版社，2018：42.
④ 恩格斯. 自然辩证法［M］. 北京：人民出版社，2018：12.
⑤ 恩格斯. 自然辩证法［M］. 北京：人民出版社，2018：15.

这就是人。"① 尽管此时处在人类童年时代的人，思维能力、思维水平是与动物相差无几的，"他们还是半动物，是野蛮的，在自然力量面前还无能为力，还不能认识到他们自己的力量，所以他们像动物一样贫困，而且生产能力也未必比动物强"。② 19 世纪中叶，自然科学领域三大标志性发现之一——达尔文的进化论"为认识人的精神的前史，为追溯人的精神从简单的、无结构的、但有感受刺激能力的最低级有机体的原生质起直到能够思维的人脑为止的各个发展阶段奠定了基础。不了解这个前史，能够思维的人脑的存在就仍然是一个奇迹"。③

恩格斯还揭示了人类思维发展的基础和动力，即作为生物性基础的人脑的发展和作为社会性基础的人类改造自然的活动。"真正理解着的思维永远只是同一个东西，只是随着发展的成熟程度（其中也包括思维器官发展的成熟程度）逐渐地表现出区别。"④ "人的思维的最本质的和最切近的基础，正是人所引起的自然界的变化，而不仅仅是自然界本身；人在怎样的程度上学会改变自然界，人的智力就在怎样的程度上发展起来。"⑤ 而人的思维发展，使得不只是"自然界作用于人"，"自然条件到处决定人的历史发展"，"人也反作用于自然界，改变自然界，为自己创造新的生存条件"。⑥ "发展着自己的物质生产和物质交往的人们，在改变自己的这个现实的同时也改变着自己的思维和思维的产

① 恩格斯. 自然辩证法 [M]. 北京：人民出版社，2018：21.
② 恩格斯. 反杜林论 [M]. 北京：人民出版社，2018：189.
③ 恩格斯. 自然辩证法 [M]. 北京：人民出版社，2018：66.
④ 马克思恩格斯全集（第4卷）[M]. 北京：人民出版社，2012：473.
⑤ 恩格斯. 自然辩证法 [M]. 北京：人民出版社，2018：98.
⑥ 恩格斯. 自然辩证法 [M]. 北京：人民出版社，2018：98.

物。"① 同时，恩格斯指出，思维必定受到客观历史条件的制约，"我们只能在我们时代的条件下去认识，而且这些条件达到什么程度，我们就认识到什么程度"。②"那么关于最终解决和永恒真理的要求就永远不会提出了；人们就始终会意识到他们所获得的一切知识必然具有的局限性，意识到他们在获得知识时所处的环境对这些知识的制约性；人们对于还在不断流行的旧形而上学所不能克服的对立，即真理和谬误、善和恶、同一和差别、必然和偶然之间的对立也不再敬畏了。"③

恩格斯具体阐明了思维发展的历史任务："人的思维是至上的，同样又是不至上的，它的认识能力是无限的，同样又是有限的。按它的本性、使命、可能和历史的终极目的来说，是至上的和无限的；按它的个别实现情况和每次的现实来说，又是不至上的和有限的。"④"思维的任务现在就是要透过一切迷乱现象探索这一过程的逐步发展的阶段，并且透过一切表面的偶然性揭示这一过程的内在规律性。"⑤ 在《费尔巴哈·路德维希和德国古典哲学的终结》中，恩格斯对古代希腊时期的思维方式、近代牛顿力学建立以后产生的机械论和形而上学的思维方式，以及辩证的思维方式三个阶段作了系统而经典的论述。

三　唯物主义辩证法是最高的思维形式

"一个民族要想站在科学的最高峰，就一刻也不能没有理论

---

① 马克思恩格斯选集（第1卷）[M]．北京：人民出版社，2012：152.

② 恩格斯．自然辩证法 [M]．北京：人民出版社，2018：111.

③ 恩格斯．路德维希·费尔巴哈和德国古典哲学的终结 [M]．北京：人民出版社，2018：40.

④ 恩格斯．反杜林论 [M]．北京：人民出版社，2018：91.

⑤ 恩格斯．反杜林论 [M]．北京：人民出版社，2018：23.

思维。"① 马克思、恩格斯对于思维研究的最卓著的贡献，在于创立了唯物辩证法这一"最高的思维形式"②、"彻底革命的思维方法"③ 以及"最好的工具和最锐利的武器"④。恩格斯深入研究了自然界和自然科学中的辩证法问题，揭示了唯物主义辩证法和唯心主义辩证法的根本对立，指出"辩证法的规律是从自然界的历史和人类社会的历史中抽象出来的。辩证法的规律无非是历史发展的这两个方面和思维本身的最一般的规律"。⑤ 恩格斯把辩证法归结为三个规律：量转化为质和质转化为量的规律、对立的相互渗透的规律、否定的否定的规律，并把唯心主义辩证法的"这些规律是作为思想规律强加于自然界和历史的，而不是从它们中推导出来的"错误"顺过来"，"不是用头立地而是重新用脚立地了"⑥，"我们重新唯物地把我们头脑中的概念看做现实事物的反映，而不是把现实事物看做绝对概念的某一阶段的反映。这样，辩证法就归结为关于外部世界和人类思维的运动的一般规律的科学，这两个系列的规律在本质上是同一的，但是在表现形式上是不同的，这是因为人的头脑可以自觉地应用这些规律，而在自然界中这些规律是不自觉地、以外部必然性的形式、在无穷无尽的表面的偶然性中实现的，而且到现在为止在人类历史上多半也是

————————

① 恩格斯. 自然辩证法 [M]. 北京：人民出版社，2018：43.

② 恩格斯. 反杜林论 [M]. 北京：人民出版社，2018：1.

③ 恩格斯. 路德维希·费尔巴哈和德国古典哲学的终结 [M]. 北京：人民出版社，2018：11.

④ 恩格斯. 路德维希·费尔巴哈和德国古典哲学的终结 [M]. 北京：人民出版社，2018：39.

⑤ 恩格斯. 自然辩证法 [M]. 北京：人民出版社，2018：75.

⑥ 恩格斯. 路德维希·费尔巴哈和德国古典哲学的终结 [M]. 北京：人民出版社，2018：39.

如此"。① 进而使"在唯心主义哲学中显得极端神秘的辩证法规律就会立即变得简单而朗若白昼了"。②

恩格斯对正和负、部分和整体、单一和复合、同一和差异、偶然和必然、抽象和具体、归纳和演绎等重要的辩证范畴作了深入辨析，指出"辩证法是同形而上学相对立的关于联系的科学"③，"所谓的客观辩证法是在整个自然界中起支配作用的，而所谓的主观辩证法，即辩证的思维，不过是在自然界中到处发生作用的、对立中的运动的反映"。④ "辩证法恰好是最重要的思维形式，因为只有辩证法才为自然界中出现的发展过程，为各种普遍的联系，为一个研究领域向另一个研究领域过渡提供类比，从而提供说明方法。"⑤ "它彻底否定了关于人的思维和行动的一切结果具有最终性质的看法。哲学所应当认识的真理……不再是一堆现成的、一经发现就只要熟读死记的教条了；现在，真理是在认识过程本身中。"⑥ "在发展进程中，以前一切现实的东西都会成为不现实的，都会丧失自己的必然性、自己存在的权利、自己的合理性；一种新的、富有生命力的现实的东西会替代正在衰亡的现实的东西。"⑦ 恩格斯肯定了黑格尔关于知性和理性的区分以及"只有辩证的思维才是理性的"观点，指出"一切知性活动，

① 恩格斯 . 路德维希·费尔巴哈和德国古典哲学的终结［M］. 北京：人民出版社，2018：39.

② 恩格斯 . 自然辩证法［M］. 北京：人民出版社，2018：76.

③ 恩格斯 . 自然辩证法［M］. 北京：人民出版社，2018：75.

④ 恩格斯 . 自然辩证法［M］. 北京：人民出版社，2018：82.

⑤ 恩格斯 . 自然辩证法［M］. 北京：人民出版社，2018：42.

⑥ 恩格斯 . 路德维希·费尔巴哈和德国古典哲学的终结［M］. 北京：人民出版社，2018：9.

⑦ 恩格斯 . 路德维希·费尔巴哈和德国古典哲学的终结［M］. 北京：人民出版社，2018：8.

即归纳、演绎，从而还有抽象，对未知对象的分析，综合，以及作为二者的结合的实验，是我们和动物所共有的。……相反，辩证的思维——正因为它是以概念本身的本性的研究为前提——只对于人才是有可能的……通过现代哲学才达到"。①

在《路德维希·费尔巴哈和德国古典哲学的终结》中，恩格斯阐述了唯物辩证法的基本原理："一个伟大的基本思想，即认为世界不是既成事物的集合体，而是过程的集合体，其中各个似乎稳定的事物同它们在我们头脑中的思想映象即概念一样都处在生成和灭亡的不断变化中。在这种变化中，尽管有种种表面的偶然性，尽管有种种暂时的倒退，前进的发展终究会实现。"② 而在《自然辩证法》中，恩格斯则尖锐地批评了在自然科学研究中走进"神灵世界"、迷信降神术、陷入唯灵论的华莱士、克鲁克斯和策尔纳等自然科学家，阐明了停留于片面经验而忽视理论思维、辩证法的危害，指出导致"从自然科学走向神秘主义"的是"蔑视一切理论、怀疑一切思维的最肤浅的经验"。③ "实际上，蔑视辩证法是不能不受惩罚的。对一切理论思维尽可以表示那么多的轻视，可是没有理论思维，的确无法使自然界中的两件事实联系起来，或者洞察二者之间的既有的联系……所以，经验主义者蔑视辩证法便受到惩罚：连某些最清醒的经验主义者也陷入最荒唐的迷信中，陷入现代唯灵论中去了。"④

---

① 恩格斯.自然辩证法［M］.北京：人民出版社，2018：101.

② 恩格斯.路德维希·费尔巴哈和德国古典哲学的终结［M］.北京：人民出版社，2018：40.

③ 恩格斯.自然辩证法［M］.北京：人民出版社，2018：58.

④ 恩格斯.自然辩证法［M］.北京：人民出版社，2018：59.

第二节　国外思维研究代表性成果

在国外，对思维的关注和研究由来已久，哲学、逻辑学、心理学、生理学、生物学的先哲对于思维多有涉猎，譬如苏格拉底"认识人自身"的命题，亚里士多德的形式逻辑、逻辑思维与梦研究，培根的认识归纳法，黑格尔的表象思维、形式推理、绝对精神，巴普洛夫的两个信号系统学说，弗洛伊德的意识层次理论，海克尔的灵魂进化思想，列维·布留尔的原始思维研究等，从不同方位切入了思维研究，从不同维度为思维研究提供了丰厚的思想养分和宝贵的理论资源。进入20世纪中叶，随着以人的高级心理活动为研究对象的认知心理学的诞生，一批西方学者开始相对专注地开展思维研究。主要代表性研究成果包括以下几点。

一　卡尔·荣格及其思维类型分析

卡尔·荣格（Carl Gustav Jung，1875～1961年），瑞士心理学家、精神病学家，其杰出贡献在于创立了荣格人格分析心理学理论。荣格在集体无意识（原型，原始意象）理论的基础上，在其心理类型分析（内倾和外倾）与心理功能（思维、情感、感觉和直觉）阐释中，对思维的类型——外倾型思维和内倾型思维做了深入分析。

荣格认为，思维一般来自两个源泉，其一是来自主观最后归结为无意识的根源，其二是由感官知觉传送的客观事实。思维可以分为两种类型：外倾型思维和内倾型思维。外倾型思维主要定向于客观事实。外倾型思维进行判断的标准是外界提供的、建立在客观条件上的，包括客观事实和客观理念——外倾型思维并不必然是一种纯粹的具体思维，同样很可能是一种纯粹的理念思维。外倾型思维受到客观事实的约束，呈现出一种被客体所捕获的外部表现，往往仅仅得出那些本质上与客观事实相符合的结论。只要思维在极大程度上被置于客观事实的影响下，思想就被贬低到一种纯粹客观事实的附属物的地步，不再能够为建立一种抽象理念而从客观事实中摆脱出来，思想过程被降低到单纯的"反映"，并且不是深层意义上的反映，而仅仅是一种模仿意义上的反映。荣格认为："我们时代的思想及其整个时代最为杰出的代表人物都仅仅知道和认识思维的外倾类型。这应部分地归于这一情况：从世界外部获得其视觉形式的思维，无论是科学、哲学，还是艺术，它们都直接产生于对象或形成一般的理念。"

荣格提出，产生于客观事实并再次努力返回客体的思维过程，并不能离开主体而孤立存在，否则思维过程就将不会发生。因而，思维过程可能指向客观事实，但其终究是人的主观过程，存在着使客观事实主体化的倾向，既不能离开主观的混合状态也不能彻底摆脱主观——与外倾型思维分庭抗礼的内倾型思维就此出现。相对于外倾型思维，内倾型思维主要定向于主观因素，既不为客观事实所规定也不导向客观事实，是一种产生于主观事实并指向主观理念或主观特征的思维。内倾型思维的目的和根源并非外界事实，其从主体开始又返回主体，阐释问题并创造理论，展示前景并获得洞察力。在内倾型思维中，居于支配位置的是主观意念的发展和表达，其目的是从模糊意象进入一种光辉理念的成形过程，其目标是看见外界因素如何形成和完成理念的框架结构。理念是荣格心理类型理论的重要范畴。在荣格看来，虽然理念并不存在于外界事实中，但却仍然是外界事实最适当、最抽象的表现形式，理念的说服力是从无意识原型中衍变来的，本身就具有普遍的有效性和永恒的真实性。而集体无意识，则是人类存在以来亿万次人的社会活动的一种心理积淀，是遗传的心理格式、种类的精神结构，它通过种族遗传的方式传达给个体，是一种先天的精神模式，在很大程度上支配和规范着人的精神活动。荣格同时指出，内倾型思维容易在大量主观事实的真实性面前迷失方向，为理论而创建理论，掠过理念的世界而进入纯粹的想象王国，甚至存在强迫事实变成它的意象的形状、完全无视事实而自由展开幻觉意象的危险倾向，内倾型思维与客观事实联系的极端贫乏是在大量的无意识事实中找到补偿的。

荣格认为，外倾型思维与内倾型思维的存在，源于外在真实（外部客观世界）和内在真实（内在精神模式）。内在真实绝不是一种纯主观的东西，而是一种内在客体，即人的集体无意识，人的先验存在的原型，其作为人类历史、文化积淀的一种信息秘密保留在人的大脑中，是作为一种心理预构而遗传下来的生理机制，具有客观存在的意义。在外倾型思维和内倾型思维的关系中，荣格强调，外倾型思维和内倾型思维"两者都感觉到对方是一种入侵，都只向对方显示了最不利的外观"，"具有主观倾向的思维显得相当的武断，而外倾型思维也好像具有一种完全模糊不清的和陈腐的不可比较性。因而两种观念之间经常有无休止的战争"。但是，外倾型思维和内倾型思维两者本身都是片面的，其有效性会受到明显的限制，需要相互矫正。①

---

① 参见［瑞士］C. G. 荣格．心理类型学［M］．吴康，丁传林，赵善华译，西安：华岳文艺出版社，1989.

二 约翰·杜威及其反省思维理论

约翰·杜威（John Dewey，1859～1952年），美国著名的哲学家、教育家，实用主义的集大成者。经验论是杜威教育哲学的核心。杜威在《学校与社会》《儿童与课程》《民主主义与教育》《经验与教育》《我们怎样思维》等书中，对实用主义教育理论的各个层面作了系统而深入的探讨。其中，杜威关于思维的研究是从"必须以反省思维作为教育的目的"的立论展开的。

杜威认为，任何人也不能够准确地向别人说明应当怎样去思维，可是人们思维的各种不同方式是能够加以说明的，人们能够描述思维的一般特征。在人们思维的各种不同方式中，存在着思维的"较好方式"，杜威称之为"反省思维"（reflective thinking），即对某个问题进行反复的、严肃的、持续不断的深思。杜威认为，一般意义上的"意识流"是无意识的和不受控制的，是"心中的闪念"，前后并无关联；而反省思维是连续的，是连续事件、连续观念、连续结果的相因而生、前后衔接，向着一个目标持续不断地运动。一般意义上的思维通常限于不直接感知的事物，是某事物的心理上的印象（想象）；而反省思维旨在求得结论，得到在想象之外能够证实的结论，这种目的控制着相继出现的种种观念。一般意义上的思维实际上等同于信念，是超于某物之外而对某物的价值、性质作出的测定、断定，但这种信念不是经由观察、搜集和检验证据而得出的结论，而是凭空下的断语；而反省思维激励人们去探索，富有怀疑和探索精神，进一步思考和考察，探寻新的证据和理由，形成理智和实际的信仰（信念），而非仅仅是情绪的信仰（信念）。杜威认为，对于任何信念或假设性的知识，按照其所依据的基础和进一步导出的结论，去进行主动的、持续的和周密的思考，就形成了反省思维。反省思维与一般意义上的思维的区别在于：首先，它是种种观念的井然有序的连接；其次，它有受控制的目的和结局；再次，它有个人的考察、检定和探究。

杜威提出，反省思维的中心因素包括暗示、指示和证据，反省思维即是"现有的事物暗示了别的事物（或真理），从而引导出信念，此信念以事物本身之间的实在关系为依据"。思维存在两个极限：思维开始于困惑的、困难的或混乱的情景，可称之为反省前（pre–reflective）的情景，它提出反省思维需要回答的问题；思维的结尾是清晰的、一致的、确定的情景，可称之为反省后（post–reflective）的情景，它的结果是控制直接经验，获得满足和愉快。反省思维就是在反省前和反省后两种情景之中进行的，包括五个阶段：①暗示，在暗示中，心智寻找可能的解决办法；②使感觉到的（直接经验得到的）疑难或困惑理智化，成为有待解决的难题和必须寻求答案的问题；③以一个接一个的暗示作为导向意见，或称假设，在搜集事实资料中开始并指导观察及其他工作；④对一种概念或假设从理智上加以认真的推敲（推理是推论的一部分，而不是推论的全部）；⑤通过外显的或想象的行动来检验假设。同时，杜威指出，五个阶段的顺序不是固定的。在思维中，每个阶段都有助于一种暗示的形成，并促使这个暗示变成主要的观念或称为指导性的假设。它有助于明确问题究竟在何处，问题的性质究竟是什么，这种观念的每一次改进都可引导到新的观察，产生新的事实或资料，使心智能更准确地判断已有事实的现实意义。精心提出假设，并不一定要等到问题确定之后，任何时候都可以提出一些假设。任何明显的检验也并不需要到最后阶段才进行，可以依照出现的结果，引导新的观察，做出新的暗示。①

三 让·皮亚杰及其发生认识论

让·皮亚杰（Jean Piaget，1896~1980年），瑞士儿童心理学家、认知心理学家，发生认识论的创始人、心理学日内瓦学派的创立者，被誉为心理学史上除了弗洛伊德以外的另一位"巨人"。20世纪20年代以来，先后出版了《儿童的语言与思维》《儿童的判断与推理》《儿童的世界概念》《从儿童到青年逻辑思维的发展》《儿童逻辑思维的早期形成》等著作，1970年出版了《发生认识论原理》。皮亚杰在儿童思维发生发展的研究中切入思维研究。

皮亚杰提出，在认识结构中存在着同化和调节。所谓同化，是指个体把刺激纳入原有的格局之内。同化有三种水平：在物质上，把环境的成分作为养料，同化于体内的形式；感知运动智力，把自己的行为加以组织；逻辑智力，把经验的内容同化为自己的思想形式。同化不能使格局改变或创新。所谓调节，是指个体受到刺激或环境的作用而引起和促进原有格局的变化和创新以适应外界环境的过程。调节因素是内在的。皮亚杰认为，适应是智力的本质，包括同化和调节两种作用和技能，通过同化和调节两种活动达到相对平衡，认识结构不断发展，以适应新环境。平衡状态不是绝对静止的，一个较低水平的平衡状态，通过机体和环境的相互作用，就过渡到一个较高水平的平衡状态。平衡的持续不断的发展，就是整个心理智力的发展过程。格局是认识结构

---

① 参见〔美〕约翰·杜威. 我们怎样思维·经验与教育（第二版）[M]. 姜文闵译，北京：人民出版社，2005.

的起点和核心。格局可以逐渐分化为多数格局的系统活动，并能建立新的格局并调整原有的格局，对外界刺激再进行新的各种水平的同化。格局的不断扩展，使得认识结构愈来愈复杂，最后达成逻辑结构。"认识的获得必须用一个将结构主义和建构主义紧密地连接起来的理论来说明，也就是说，每一个结构都是心理发生的结果，而心理发生就是从一个较初级的结构转化为一个不那么初级的（或较复杂）的结构。"

皮亚杰认为，活动既是感知的源泉，又是思维发展的基础。运演是一种认识活动，它能协调各种活动成为一个整个运演系统，又渗透在整个思维活动中。运演是内化了的动作，是可逆的、守恒的、系统的。以运演为标志，皮亚杰将儿童思维发展划分为四个阶段。第一阶段，感知运动阶段（从出生到两岁左右），这时儿童能运用某种原初的格局来对待外部客体，能开始协调感知和动作间的活动。但其感知运动的智力还没有运演性质，因为儿童的活动还没有内化。第二阶段，前运演阶段（两岁左右到六七岁），这时儿童开始以符号作为中介来描述外部世界。儿童认识的发展仍有对感知运动经验的依赖性，但大部分是依赖表象的心理活动。当儿童在实际活动中遇到挫折需要加以校正时，是靠直觉的调整而不是依靠运演。第三阶段，具体运演阶段（六七岁到十一二岁），在这个阶段，儿童能够进行具体运演，思维已具有了可逆性和守恒，已有了一般的逻辑结构，包括组合性、直接性、逆向性、重复性、结合性。第四阶段，形式运演阶段（十一二岁到十四五岁），在这个阶段，思维能力已超出事物的具体内容或感知的事物，思维的特点是"有能力处理假设而不只是单纯地处理客体"，"认识超越于现实本身"而"无需具体事物作为中介"。①

四 东尼·博赞及其思维导图

东尼·博赞（Tony Buzan，1942 ~　），英国著名的心理学家、教育学家、大脑学家、记忆术专家，被誉为"世界大脑先生"。博赞的思维研究集中于其于 20 世纪 60 年代发明并持续半个世纪开发的"终极思维工具"——思维导图。尽管博赞的思维研究是偏向工具性的、应用性的、技巧性的，然而思维导图全球逾 2 亿次的书面引用、逾 10 亿次的电视观看，使得本研究不得不重视这一思维工具、思维方法。

博赞在大脑结构与工作机理研究的基础上，提出了"发散性思维"概念，发明了"思维导图"工具（见图 2 - 1）。博赞提出，发散性思维是大脑思考和产生想法的过程，是来自或连接到一个中心点的联想过程，体现了大脑的内部结构和程序，是一种自然和几乎自动的思维方式，人类所有的思维都是以这种方式发挥作用的。思维导图是用图表表现的发散性思维，是对人脑发散性思维的捕捉、重复、模仿、自然表达和外部呈现，思维导图总是从一个中心点开始的，每个单词或者图像自身都成为一个子中心或者联想，整个合起来以一种无穷无尽的分支链的形式从中心向四周发展，或者归于一个共同的中心。

博赞认为，大脑注意的中心永远都是意象，人们思考的主要形式是图片和联想，人们使用的词汇不过是传递大脑间图片意象的"货船"。思维导图可应用到所有认知功能领域，其特征为：

---

① 参见 ［瑞士］皮亚杰. 发生认识论原理 ［M］. 王宪钿译，北京：商务印书馆，1981.

中心图像用来捕捉主要内容；分支从中心图像向四周散射；分支由一个关键图像或者印在相关线条上的关键词构成。在长期的思维导图开发与实践中，博赞归纳出了完全思维导图的"五项准则和技巧"：一是突出重点，包括一定要用中央图像，整个思维导图中都要用图像，中央图像上要用三种或者更多的颜色，图像和词汇的周围要有层次感，要用通感，运动感，字体、线条和图像的大小尽量多一些变化，间隔要有序、恰当；二是发挥联想，包括使用箭头，使用色彩，使用代码；三是清晰明白，包括每条线上只写一个关键词，所有的字都用印刷体，线条的长度与词本身的长度尽量一样，线条与线条之间要连上，中央的线条要粗些，将思维导图的分支设计成不同形状，图形画得尽量清楚一些，让纸横向放在你的面前，让思维导图尽量笔直；四是复习思维导图；五是快速检查思维导图。同时，博赞提出学习和使用思维导图的"3A法则"：接受（Accept），应用（Apply），改编（Adapt）；"十大要诀"：使用正确的纸笔，跟随大脑给中央图像添加分支，进行区分，使用关键词和图片，建立联系，享受乐趣，

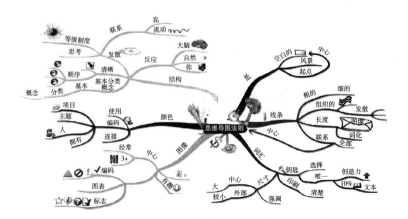

图 2-1　东尼·博赞思维导图法则及使用方法

复制周围的图像，让自己做个荒诞的人，准备好工作空间或者工作环境，让它难忘；"四个误区"：实际上不是思维导图的思维图，认为词组比单个词更有意义，认为"乱七八糟"的思维导图没用，对思维导图产生一种消极的情感反应。①

第三节　国内思维研究代表性成果

在中国，关于思维的研究与古典哲学、古典逻辑学的发展相伴而生，譬如《周易》观物、取象、比类、体道的思维方式，老子《道德经》"有无相生，难易相成，长短相形，高下相倾，音声相和，前后相随"的辩证思想，荀子《正名》"实、命、期、说、辨"的思维形式思想，墨家墨辩"名、辞、说"的思维形式思想和"故、理、类"的逻辑推理思想，玄奘唯识宗"万法唯识"的思想，范缜"浅则为知，深则为虑"的思想等，对于思维现象、思维活动、思维规律多有涉及。20 世纪 80 年代，钱学森倡导研究人的思维规律，提出创立思维科学的建议，至此国内关于思维的研究方才在真正意义上展开。主要代表性研究成果包括以下几方面。

一　钱学森及其思维科学体系

钱学森是中国最早明确主张把思维科学当作一门多学科的综合科学、系统科学来研究的科学家。其对于思维科学研究所

---

① 参见［英］东尼·博赞，巴利·博赞. 思维导图［M］. 卜煜婷译，北京：化学工业出版社，2017.

做的工作，主要是从构建思维科学体系的宏观角度和战略高度展开的，以期"对思维科学的内容有个比较正确的设想，好作为（思维科学研究）开步走的方向"。钱学森关于思维科学研究的思想主要体现在 20 世纪 80 年代以来陆续发表的《自然辩证法、思维科学和人的潜力》（1980 年）、《关于形象思维问题的一封信》（1980 年）、《系统科学、思维科学与人体科学》（1981 年）、《关于思维科学》（1986 年）以及《开展思维科学的研究》（1984 年）等系列论文中，并特别提出"希望每一个现代科学技术大部门都能组建一个科学院"，力争在 21 世纪成立中国思维科学院。

钱学森认为，在研究对象上，思维科学专门研究人的有意识的思维（即人能够控制的那部分意识）的规律和方法，"下意识"不在研究之列，思维内容亦不在研究之列，"思维的内容是其他科学技术部门的事"。在存在形态上，人的思维是集体的，人的思维质量的好坏，一是靠社会实践，二是靠知识。知识是人类社会实践的一个非常重要的补充，集体和集体所创造出来的精神财富对于人的思维具有重要影响和关键作用。在学科属性上，思维是一种客观现象，是意识的一部分，有其自身的规律，设立思维科学是可以成立的。同时他还提出，从现代科学技术体系纵向部门分系统考虑，思维科学应与自然科学、社会科学、数学科学、系统科学、人体科学并列为现代科学技术体系结构六大部门。

钱学森按照"是直接改造客观世界，还是比较间接地联系到改造客观世界"的原则，从横向上将现代科学技术体系结构分为基础科学、技术科学和工程技术三个层次。具体到思维科学领域，钱学森提出，在基础科学层次上，思维科学包括思维学［抽象（逻辑）思维、形象（直感）思维和灵感（顿悟）思维］、信息学；在技术科学层次上，思维科学包括模式识别、结构语言学、数理语言学、情报学、科学方法论等；在工程技术层次上，思维科学包括人工智能、计算机模拟技术、文字学、情报资料库技术、计算机软件工程、密码技术等。钱学森倡导，科学技术工作决不能局限于抽象思维的归纳推理法，即所谓的"科学方法"，而必须兼用形象或直感思维，甚至要借助于灵感或顿悟思维。但又指出，思维学中只有抽象（逻辑）思维研究得比较深，已经有比较成熟的逻辑学，而形象思维和灵感思维的研究还未达到科学的要求，虽然不精确的描述和思辨性的议论非常多，但是不够严格，提不出什么科学的学问（见图 2 - 2）。①

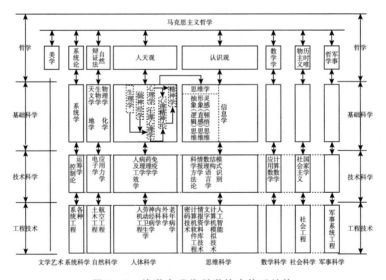

图 2 - 2　钱学森现代科学技术体系结构

①　参见钱学森. 关于思维科学［M］. 上海：上海人民出版社，1986.

二　田运及其分析性思维理论

田运是中国最早从事思维研究的著名专家之一，从 1981 年发表第一篇思维研究论文《新的科学思想的形成的逻辑依据》迄今，先后出版了《思维科学简论》（1985 年）、《思维科学》（1988 年）、《智慧与思维》（1989 年）、《开发智慧的科学》（1989 年）、《思维方式》（1990 年）、《信息与思维》（1990 年）、《思维辞典》（1996 年）等系列思维研究理论专著。2000 年，田运出版理论专著《思维论》，就其数十年来思维研究的主要思想和核心观点作了系统阐述，即分析性思维理论：反映同一论、思维活动形式论、思维信息论和思维素质论。

田运认为，思维的原始问题包括三个问题：思维是什么？思维的基本构成物是什么？思维是怎样发生的？田运将思维定义为"是在特定物质结构（脑）中以信息变化的方式对对象深层远区实现穿透性反映的、可派生出和可表现为高级意识活动的物质运动"。其中，思维对象并不是指笼统的存在，而是仅指存在的深层状态和远区状态。存在的表层状态和近区状态是人的感性就可以把握的，思维所要把握的则是单纯感性所不能把握的存在的深层和远区的状态。穿透性反映是指脑透过表层的遮隔察知深层状态，透过时空距离的阻隔察知远区状态，既包括理性认识（对对象本质、规律和必然性的认识）又包括实践判定（对对象随机时间、随机空间、随机貌状、随机数量四种随机状态的认识）。信息变化是指脑对信息的加工、变换、凝积和潜化。思维的基本构成物包括思维的主观构成物和客观构成物。思维的客观构成物就是思维对象，包括思维者（一个个人或者一个群体）以外的物质事物，思维者以外的其他人头脑中的意识、精神状态，思维者自己的肉体，思维者自己的意识、精神状态以及思维者自己除了当前正在进行着的思维之外的一切过去的思维。思维的客观构成物以信息形态进入人脑，表述为"思维信息"。思维的主观构成物就是当前正在进行的思维，表述为"当前思维"。思维之所以发生，是因为人脑存在着的思维发生机制。思维发生机制可以分解为思维发生的三个机因：积极适应动作内化、高密高含信息内凝、神经功能自然进化，三者共同构成了"三位一体"的思维发生机制——在神经功能自然进化达到思维发生前夜水平的基础上，由于积极适应动作内化和高密高含信息内凝而使人脑具有了穿透性反映功能。思维发生的标志有二：一是动态标志，就是脑中有了穿透性反映活动，即思维活动；二是动态标志，就是人已经具有了某种思维能力和某种思维品质。

田运提出，从思维三个原始问题的答案出发，向前推移的理论思考必然进而提出有关思维的四方面问题：思维规律是什么？思维活动形式是什么？思维一般内容是什么？人的思维素质是什么？相对应地，田运提出了四部分分析性思维理论：反映同一论、思维活动形式论、思维信息论和思维素质论。反映同一论认为，思维的基本规律是实现人的脑中映象与对象深层远区状况的反映同一。思维活动形式论认为，思维形式是人的知识中那种为最大多数人所拥有、为每个人使用时间最长，只是经过反思才被人发现其存在、作用和必须经过学习磨炼才能真正掌握的一种知识。进入当前思维的思维形式称作思维活动形式，退出当前思维的思维形式称作思维寂滞形式。思维活动形式包括逻辑思维、形象思维、顿悟思维三种基本的思维活动形式。思维信息论认为，思维一般内容就是思维信息，思维与信息的关系可表述为"三定理"：在意识对信息的消化作用大于意识对信息的抑制作用的条件下，思维的过程状态完全取决于可触信息的信息量和起作用的方向；解释的性质取决于解含信息数量与信息度的符合程度（或偏离程度）；主体的思维性质取决于长期处理的信息具有何种信息结构。当前思维对思维信息具有反作用，包括消化作用、积化作用和潜化作用。思维素质论认为，人的思维素质是思维能力和思维品质的综合，人的思维能力和思维品质是在多次思维活动进行中自然地积累转化形成的。思维能力是对客体深层和远区实现穿透性反映的能力，包括逻辑思维能力、非逻辑思维能力、决策思维能力、动作思维能力、人机结合的思维能力、社会思维能力。逻辑思维能力和非逻辑思维能力合称为形成思想的思维能力；决策思维能力和动作思维能力合称为实践思维能力；人机结合的思维能力和社会思维能力合称为加强性思维能力。思维品质是指个体思维活动中智力特征的表现，表现为思维的客观性和思维的能动性。①

三 刘奎林及其思维研究集成

刘奎林亦是中国最早从事思维研究的著名专家之一，与田运一同参加了 1984 年 8 月钱学森主持召开的首届全国思维科学学术讨论会，其《灵感发生论新探》与田运《实践、认识和逻辑科学》一并被收录到钱学森主编的《关于思维科学》一书中。继 1990 年田运主编出版《思维科学丛书》后，2010 年刘奎林主编出版了《中国思维科学丛书》，包括《灵感思维学》《社会思维学》《形象思维学》《思维发生学》《思维史学》《创新思维学》《创造性思维方式学》《智慧思维学》《创新思维应用学》，将思

---

① 参见田运. 思维论［M］. 北京：北京理工大学出版社，2000.

维研究从"小丛书"的知识介绍提升到"大丛书"对思维科学基础学科的各分支学科进行系统阐发。①

在《灵感思维学》中，刘奎林提出，灵感的发生有一个过程，不在显意识却在显意识的制导下酝酿于潜意识，当酝酿成熟偶遇相关诱因，便突现于显意识成为灵感。诱发灵感的序列链模型具体由相互关联的五个环节组成：境域—启迪—跃迁—顿悟—验证。灵感思维与抽象思维和形象思维一样都是人脑的高级反映形式，都是有意识追求且又是可控的精神现象；不同在于，由于灵感孕育于潜意识，又与非线性规律相对应，因此灵感是以突发性、瞬息性、独创性为根本特征的一种非理性、非逻辑、非线性的思维形式。灵感思维的发生，有着实践、非线性和脑科学三大基础，符合信息选择性、相似诱导性、机遇突发性、正负反馈性、整体协同性五大原理，遵循显意识与潜意识融通律、渐变与突变互补律、精确与模糊隶属律、选择与建构重组律四大规律。诱发灵感的具体方法有"调潜七法"：追捕热线法、暗示右脑法、寻求诱因法、搁置问题法、西托梦境法、养气虚静法、追踪记录法。

在《社会思维学》中，曾杰从钱学森"人的思维是不是集体的？答案是肯定的"②论断出发，对社会思维作了界定，所谓社

① 参见张浩. 思维发生学［M］. 北京：中国社会科学出版社，1994；朱长超. 思维史学［M］. 长春：吉林人民出版社，2010；王跃新. 创新思维学［M］. 长春：吉林人民出版社，2010；刘奎林. 灵感思维学［M］. 长春：吉林人民出版社，2010；曾杰，张树相. 社会思维学［M］. 北京：人民出版社，1996；胡珍生，刘奎林. 创造性思维方式学［M］. 长春：吉林人民出版社，2010；杨春鼎. 形象思维学［M］. 合肥：中国科学技术大学出版社，1997；陶伯华. 智慧思维学［M］. 长春：吉林人民出版社，2010；王跃新，王洪胜. 创新思维应用学［M］. 长春：吉林人民出版社，2010.

② 钱学森. 关于思维科学［M］. 上海：上海人民出版社，1986：130.

会思维是指人作为集体主体对客观现实的反映，是在人类社会实践和社会关系的基础上，个体思维之间、个体思维与群体思维之间以及群体思维之间交互作用、多元复合的观念运动体系。社会思维的主体是作为社会群体存在的人，客体是进入社会思维活动的独立于主体的一切客观存在的事物和现象。社会思维的结构由思维目的、思维材料、思维过程、思维动力和思维能力五个基本要素构成，具有信息功能、生产功能和协调功能三种基本功能。在基本类型上，社会思维可以分为社会认知思维和社会情意思维；在具体类型上，社会思维可以分为科学思维、哲学思维、道德思维、宗教思维、艺术思维、审美思维、政治思维、经济思维。社会思维作为由全社会各层主体的思维的相互作用组成的整体网络，形成了"场"的形态，具有"场"的"统一力"的作用，推动着个体和群体思维能力、思维水平的提高，规定着个体思维和群体思维的大方向，规定着思维的社会性，从而保证着社会思维的存续和发展。

在《形象思维学》中，杨春鼎将形象思维定义为对形象信息传递的客体形象体系进行感受、储存的基础上，结合主观的认识和情感进行识别，并用一定的形式、手段和工具创造和描述形象的一种基本思维形式。形象思维具有多环节性、形象性、多维性、跳跃性的特征。相对于抽象思维以概念、判断、推理、论证为基本思维形式，形象思维以意象、想象和显象为主要思维形式。从思维环节看，形象思维由形象感受—形象储存—形象识别—形象创造—形象描述五个环节构成，在完整的形象思维过程中，五个环节环环相扣、前后连续，而又各自独立。从思维过程看，形象思维按照时间长短可以分为瞬时过程和连续过程，按照思维深度和广度可以分为简单过程和复杂过程，四种过程相互交叉、相互转化，在长时间的形象思维连续过程中，最初的瞬时过程也是简单过程；随着时间的延长、空间的扩展、感知的深广、信息的积累，后来的瞬时过程也逐步转化为复杂过程。形象思维在总体上遵循主客互渗律、形神相似律、时空结合律、整体同一律的思维规律。

在《思维发生学》中，张浩讨论了人类思维的发生和发展问题，提出了思维器官与思维能力相互促进、同步发展，动物思维上升为人类思维的关键在于劳动，原始人类思维发展经历直观的动作思维、具体的形象思维、抽象的逻辑思维三个基本阶段以及思维的发生先于语言，语言促进思维的发展等观点。在《思维史学》中，朱长超梳理了人类思维的研究史，论述了进化论学派、结构主义学派、精神分析学派、马克思主义等学术流派的成就与贡献；讨论了人类思维的发生史，提出人类思维发生发展的"三次飞跃"，人类思维的起点是以概括性表象为思维元素的形象思维，人类思维发展的动力在于自然性动力（自然选择）和社会性动力（生产劳动）共同构成的综合动力等观点。此外，《创新思维学》（王跃新）、《创造性思维方式学》（胡珍生、刘奎林）、《智慧思维学》（陶伯华）、《创新思维应用学》（王跃新、王洪胜）等专著则着重从创新思维角度，就创新思维的概念、特征、原理、原则、方法、范式以及创新思维能力培养等实践性、应用性问题做了相应讨论。

四 乔俊武及其思维理论体系

乔俊武是中国思维研究中的一个现象级个体——以公务员身份而非学者身份闯入思维研究领域，其历时 20 载撰就的 80 万字的煌煌巨著《思维论》（上下卷），是国内思维研究的一部大书，

《科技日报》誉之为"国内首部系统研究思维科学的学术性理论专著","将对人们用科学思维把智慧凝聚在改造自然和社会上,用在改造人自身上,进而实现推动人类思维水平的不断提高具有重要的指导意义和作用"。《人民代表报》评之为"堪称当代大脑使用说明书的科学专著"。

乔俊武从思维实践入手,由人文视角切入,着眼意识可控部分,聚焦讨论思维方法、思维方式、思维模式问题,关联讨论思维背景、思维语言、思维质量、思维类型等相关问题,建构起了思维研究相对完整和系统的范畴体系和理论体系。乔俊武认为:"思维就是人在感觉或接受刺激之后,伴随着注意,利用内语言符号,通过想象、理解和逻辑,对对象获得新义的意识可控制过程。"其中,"刺激"是感觉、感知或知觉,感觉是诱发思维的第一环节,知觉是感觉进入思维的桥梁。"注意"是心理活动对一定对象有选择的集中,是思维活动最直接、最同步的第一配同要素。"内语言符号"是自己与自己在大脑之内进行认同与否定之间的符号。"想象"是对表象(可感对象)的加工工具,对以各种符号为载体的意义自由超越的思维类型;"理解"是对概念(可知对象)的加工工具,对未知对象规律的破解和已知概念涵义复归的思维类型;"逻辑"是对想象和理解进行组织、整理和过滤的加工工具,对各种符号为载体的意义的虚化、层化、畴化和系化的思维类型。"对象"是人与自然、人与社会、人与人、人与心灵、人与文明亦即生态、社会、道德、精神、价值五大问题。"获得新义"是达到新的认知,是意义的归我部分。"意识可控制"指人能认识这种存在(思维方法),对这种存在(思维方法)的运用能够获得某种虚拟有效的结果,人们能够无限次地运用这种存在(思维方法)。思维具有存在性、反映性、间接性、概括性、虚拟性、超越性、开放性、时代性、创造性、实践性、言语性、逻辑性、独立性、延展性、可塑性、系统性、方法性和规律性等特征。

乔俊武提出，"人类的社会方式与历史方式是由行为方式决定的，人的行为方式是由思维方式主导的"，"思维方式既受制于思维模式在上游的熏陶，又左右着下游思维方法的充实以产生直接思维结果（思想）"。亦即，人的思维产生人的思想，人的思想主导人的行为，"思维活动不同，是人与人之间导致各种结果不同的根本所在"。以以上立论为出发点，乔俊武建构起了其思维研究的理论框架——通过对思维现象、思维活动的探讨，论述想象、理解、逻辑及其具体思维方法。通过对汲取知识建立知识体系和知识背景的探讨，论述思维背景和对思维背景运用所形成的思维方式，以及对思维方式产生制约作用的思维模式。通过对思维语言的探索、思维质量的解析、思维类型的熟悉、思维相关的搜理、思维意识的清晰、思维实践的强调、思维障碍的探究和思维创造的理解，论述思维体系基本的纵横相关因素。其间，乔俊武提出了其思维研究的理论观点——思维是对感觉包围的冲破和脱离。思维活动与思维方法是同一现象的不同视差。思维方法是思维加工要素的组合，每一具体思维方法，都是在即时潜入的思维方式框架内展开的，这种框架是可以意识的，它是对思维背景的自觉或不自觉的运用。思维背景受制于知识体系。思维背景纵向运用旨在主体自身的陶冶，可以使人认识问题层次高、视野宽，达到胸怀广阔；思维背景横向运用旨在调适主体与他体的和谐关系，可以使人思维适时、适地、适情和恰当，能理解他方，可掌握情势；思维背景的向量运用旨在主体对一切现象的认知和构建，可以使人的思维在无限的度量空间通过思维方式中的量和态的转换，充分发挥思维空间为思维活动运行所提供的框架依循作用。人的思维在深层受制于以文化观念为核心的思维模式，思维模式是可以完善和调整的，其有效的途径之一就是调节自己的知识结构和修正自己的观念。思维的各种结果相伴于各种非思维因素。思维是为了实践，实践在深化着思维。思维创新是一种含义广泛的状态，并不特指某种狭义的具体方法，思维创新的途径和环节并无一定之规，人人均具创新潜质。①

---

　　①　参见乔俊武.思维论（上下卷）［M］.北京：科学技术文献出版社，2009.

第三章

互联网思维的研究现况
与内涵外延

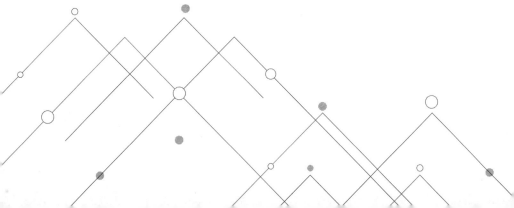

互联网是 20 世纪人类最伟大的发明之一。在互联网半个世纪的发展历程中，从自然科学对互联网技术的创生，到社会科学对互联网社会的把握，再到思维科学对互联网思维的探索，无一不伴随着人类思维的切入、运作与导引。在本章中，笔者首先基于互联网思维的业界解读、学界定义，立足人的互联网实践特别是人的互联网思维实践，深入分析互联网思维的内涵，系统归纳互联网思维的外延，力求形成关于互联网思维这一核心概念的本质性、整体性认识，以此保证本研究概念上的清晰、理论上的严密、体系上的完整与逻辑上的自洽。

第一节　互联网思维的研究现况

一　互联网思维的业界解读

互联网思维，最早是由百度创始人李彦宏提出的。2011 年，李彦宏在一次演讲中提到："今后企业家们要有互联网思维，可能你做的事情不是互联网，但要逐渐用互联网的方式去想问题。"随后，"互联网思维"成为网络热词，引发全社会的广泛关注和深入讨论。360 创始人周鸿祎提出："互联网思维并不是玄学，是常识的回归，是用户至上、体验为王、免费的商业模式、颠覆式创新。"腾讯马化腾提出，互联网思维是"用户体验、互动创新、数据分析、开放共赢"。阿里巴巴创始人马云提出，互联网思维是"跨界、大数据、简洁和整合"。小米创始人雷军提出，互联网思维是"专注、极致、口碑、快"……互联网思维的提出，使"互联网从一个技术概念逐渐上升到形而上的讨论"①。

　　十余年来，互联网精英们在各自的互联网创业中，凝练了归括互联网思维的"关键词"，提供了阐释互联网思维的"案例库"，点燃了运用互联网思维的"全民热"，使得互联网思维迅速成为一种时代现象、一种时代精神、一种时代行动。然而，互联网精英们关于互联网思维的解读有着鲜明的个人色彩和清晰的领域印记：周鸿祎的互联网思维是基于 360 而提出的，马化腾的互联网思维是基于腾讯而提出的，马云的互联网思维是基于阿里巴巴而提出的，雷军的互联网思维是基于小米而提出的……所呈现给人们的是一种"单体式""现象式"的互联网思维，是一种"带定语"的互联网思维：周鸿祎的互联网思维、马化腾的互联网思维、马云的互联网思维、雷军的互联网思维……各种"带定语"的互联网思维既有相通之处又不完全兼容，"然，而不尽然"，"道其然，而未道其所以然"，在外延上未能完全罗列互联网思维的包含，在内涵上未能完全揭示互联网思维的本质，需要从理论上进行系统的归纳、总结、凝练、升华。

二　互联网思维的学界定义

　　近些年来，在关于互联网思维的热烈讨论中，学界以高度的

---

① 喻思娈. 向互联网思维取"创新经"[N]. 人民日报，2014 – 05 – 26（20）.

理论自觉致力于揭示和把握互联网思维的本质和内涵。有研究者着眼从互联网技术与应用层面定义互联网思维，提出了"技术说"，代表性观点认为"互联网思维是运用互联网技术及其应用的特点，改善人与人、人与物、人与信息、人与社会、人与自然以及物与物之间关系的规律和方法"①；有研究者着眼从互联网规则与方法层面定义互联网思维，提出了"规则说"，代表性观点认为"互联网思维是互联网的抽象表现形式、系统化的思维模式，是以互联网的方式去思考问题，互联网思维不是技术而是观念和方法论，突出的是理念、思路与方法的转变"②；有研究者着眼从互联网技术、规则、精神层面综合定义互联网思维，提出了"综合说"，代表性观点认为"互联网思维是在互联网、大数据、云计算等科技手段的支持下，运用互联网的技术和方法来思考，利用互联网的规则和机会来创新，发挥互联网的精神和价值来思考，思维特质在于颠覆式创新、开放中参与、主体性体验"③。

"概念是反映事物的特有属性（固有属性或本质属性）的思维形式。"④ 总体而言，"技术说""规则说""综合说"诸观点所提及的"互联网技术与应用""互联网规则与方法""互联网精神与价值"以及"开放、平等、跨界、创新"等要素已经触及了互联网思维的思维实践、思维模式、思维方式、思维方法等核心范畴。然而，毋庸讳言，前诸定义仍还处在对互联网思维的现象

① 刘双胤，耿明月，徐士博. 基于互联网思维对思想政治理论课若干问题的思考［J］. 思想政治教育研究，2015，（12）：57.

② 陈华栋. 互联网思维模式下高校网络思想政治教育的思考［J］. 思想理论教育导刊，2016，（8）：116－117.

③ 金绪泽，魏冉. 互联网思维下思想政治教育载体创新探讨［J］. 山西师大学报（社会科学版），2015，（6）：153.

④ 金岳霖. 形式逻辑［M］. 北京：人民出版社，1979：18.

认识阶段和经验表达层面，所运用的框架仍是经验框架而非理论框架，所使用的话语仍是大众话语而非学术话语，所形成的认识仍是描述性的而非建构性的，我们亟待基于思维科学基本范畴、基本理论进一步深入分析互联网思维的内涵，系统归纳互联网思维的外延，以期跨过感性认识逐步形成关于互联网思维的理性认识。

第二节　互联网思维的内涵

　　尽管恩格斯在研究生命问题时曾指出过："在科学上，一切定义都只有微小的价值。要想真正详尽地知道什么是生命，我们就必须探究生命的一切表现形式，从最低级的直到最高级的。"①尼克在《人工智能简史》中也曾讲道："外延式的定义要比从上帝视角给一个内涵式定义更为实用。"② 然而，从研究的需要出发，我们仍尝试基于思维科学理论框架以及业界解读、学界定义，对互联网思维作如下定义：互联网思维是人对互联网技术、互联网实践、互联网社会的本质属性和内在规律的自觉的概括的反映。具体可从互联网思维所主要关涉的思维现象、思维方法、思维方式、思维模式、思维结果等五个维度对其进行理解和把握。

一　对互联网实践和互联网社会的能动反映

　　社会存在决定社会意识，社会意识对社会存在具有能动的反

---

　　① 马克思恩格斯选集（第3卷）[M]．北京：人民出版社，2012：459．

　　② 尼克．人工智能简史 [M]．北京：人民邮电出版社，2017：前言．

作用；思维是意识的核心部分和高级状态，是对社会存在的反映并能动地作用于社会存在。互联网技术衍生互联网实践、互联网社会。在新的互联网实践、互联网社会中，人在感觉和注意的基础上原有图式会因为受到刺激而失去平衡（感到问题的存在），即思维的切入；人会通过思维活动逐步获得新的认知（解决问题的过程），即思维的过程；进而形成新的思维结果使得图式逐步从不平衡状态过渡到新平衡状态（问题解决的实现），即思维的目标。"每一个时代的理论思维，包括我们这个时代的理论思维，都是一种历史的产物，它在不同的时代具有完全不同的形式，同时具有完全不同的内容。"① 互联网思维是互联网实践、互联网社会的产物，是对互联网实践、互联网社会的能动反映——正如小生产思维之于小生产实践、小生产社会，工业化思维之于工业化实践、工业化社会。进言之，互联网思维作为结果态呈现，是对互联网实践、互联网社会基本规律的理性认识；互联网思维作为过程态呈现，是对互联网实践、互联网社会基本规律的揭示探究；互联网思维作为方法态呈现，是对互联网实践、互联网社会基本规律的自觉运用。从思维现象维度看，互联网思维是对互联网实践和互联网社会的能动反映。

二　人在互联网实践中思维经验的凝结升华

在人的互联网实践中，思维实践相伴发生，思维经验不断凝结，思维结果次第呈现。从具体思维方法层面讲，互联网思维所包含的用户思维、颠覆思维、简约思维、极致思维、迭代思维、流量思维、爆点思维、粉丝思维、社会化思维、大数据思维、智

---

① 马克思恩格斯选集（第3卷）[M]．北京：人民出版社，2012：873.

能化思维、平台思维等具体思维方法，并非人"心智的自由构造"，而是对互联网实践中思维活动、思维结果的析释与破译，对互联网实践中思维实践、思维经验的总结与归纳。譬如，360免费模式之于用户思维，微信涉足通信之于颠覆思维，iPhone 手机设计之于简约思维，滴滴一统市场之于极致思维，Windows 升级换代之于迭代思维，小米米粉现象之于粉丝思维，京东网上商城之于平台思维，谷歌流感预测之于大数据思维，小米网络营销之于社会化思维等。思维经验一个源头在于主体之外的典型的互联网思维活动、思维实践，另一源头在于主体自身的个别的互联网思维活动、思维实践。当然，作为具体思维方法，互联网思维绝非仅仅限于所述前诸，而是伴随互联网实践的深入、思维实践的发展、思维经验的归纳以及思维理性的自觉无限转换、无限延展，从而适用于发展着的互联网实践的不同领域、不同层次——正如列宁所指出的："在方式方法方面的多样化，可以保证生机勃勃地胜利达到其目的的一致目标。"① 互联网思维与工业化思维的迥然，直接源自人的实践的迥然、思维实践的迥然、思维经验的迥然以及思维结果的迥然。从具体思维方法维度看，互联网思维是人在互联网实践中思维经验的凝结升华。

三　人在互联网实践中思维背景的形成运用

在人的互联网实践中，伴随着学习，新的互联网知识体系、知识背景逐步建立，进而导致了人进行思维活动的思维背景（思维对象的参照系）的调整、扩充、转换，互联网思维背景逐步形成。人的互联网思维背景的形成，为人认识互联网现象提供了不

---

① 列宁全集（第33卷）［M］. 北京：人民出版社，1985：210.

同于既往思维背景的新的"比照系"，在信息输入、储存、再生、输出的全过程中提供比照。人对互联网思维背景的运用，形成了左右和导引具体互联网思维方法运行的互联网思维方式——空间形态、框架形态是互联网思维方式的外廓形态，具体思维方法是互联网思维方式的运作内容。互联网思维背景是形成互联网思维方式的基础，没有互联网思维背景的人，是不可能形成互联网思维方式的；有一定互联网思维背景的人，其互联网思维方式必定是部分的、混沌的；有系统互联网思维背景的人，其互联网思维方式才是完整的、清晰的。李彦宏所言的"用互联网的方式去想问题"，其意即指形成互联网思维方式。然而，必须强调的是，互联网思维方式的形成绝非易事，有赖于互联网知识体系的建立、互联网思维背景的形成以及具体互联网思维方法的习得；相对应地，互联网思维方式一旦形成，则将根本性地提升思维主体对于互联网存在的思维能力，阿里巴巴马云、腾讯马化腾、百度李彦宏、小米雷军、360周鸿祎等互联网精英们的成功奥秘正是在于其互联网思维方式，而非仅仅是某种或某几种具体互联网思维方法。从思维方式维度看，互联网思维是人在互联网实践中思维背景的形成运用。

四　人在互联网实践中思维观念的转换完善

在人的互联网实践中，随着互联网实践活动日趋融合生活，随着互联网知识系统日趋普及大众，"开放、平等、协作、快速、分享"的互联网精神日趋深入人心，潜移默化地调整和改变着互联网时代人们的思维观念——"开放、平等、协作、快速、分享"的互联网精神，已经逐步成为人的互联网价值观，并渗透嵌接到人的整体价值体系之中，形成了区别大工业时代的思维图景，催生了适应互联网时代的思维模式——互联网思维模式。我们常说的"互联网深刻地影响着人们的思想观念、政治观点、道德规范、价值取向、个性心理"，其意即指互联网思维模式的作用。论及互联网时代的人们与大工业时代的人们思维的不同，在于思维经验凝结升华而导致的思维方法的不同，在于思维背景形成运用而导致的思维方式的不同，而究其根本则在于思维观念转换完善而导致的思维模式的不同。在互联网思维模式、思维方式、思维方法的三者关系中，互联网思维模式处在价值判断的先导位置上，处在思维方式和思维方法的上游，决定着互联网思维方式、思维方法能否建立——反对互联网精神、脱离互联网社会、抵制互联网技术的人，不可能形成互联网思维方式、思维方法；认同互联网精神、融入互联网社会、拥抱互联网技术的人，方可能形成互联网思维方式、思维方法。与此同时，互联网思维方式、思维方法的建立与运用，也促进着互联网思维模式的丰富、发展和完善。从思维模式维度看，互联网思维是人在互联网实践中思维观念的转换完善。

五　人在互联网实践中思维创造的时代结晶

在人的互联网实践中，随着互联网思维实践的发展、互联网思维经验的积累、互联网思维背景的形成、互联网思维观念的转换，新的思维方法不断凝结，新的思维方式逐步构建，新的思维模式日趋完善，新的思维结果喷涌而出——既包括互联网产品、互联网传播、互联网平台等一般意义上的显性的互联网思维结果，也包括隐性的互联网思维方法、思维方式、思维模式本身。甚至可以这样认为，互联网思维作为思维方法、思维方式、思维模式已为互联网精英们所掌握并已在其互联网实践中自觉或不自觉地运用，只是在社会范围内的互联网思维普及仍不够全面，在理论视野下的互联网思维探究仍有待深化。在互联网发展的未来阶段，互联网思维一定会成为一种人们无感的"常识"，而非今天看来的一种深奥的"玄学"。思维在本质上是一种创新意识，是作为过程的创新思维与作为结果的思维创新的统一。从人类思维发展的时序维度看，互联网思维作为人类思维在互联网时代的产物，是在互联网技术、互联网实践、互联网社会发展的过程中相伴而生的，其在模式上所发展的思维观念体系、在方式上所扩充的思维空间框架、在方法上所丰富的思维要素组合以及在结果上所呈现的新理念、新方法、新模式，无一不是创新思维的过程表现与思维创新的结果呈现。互联网思维，作为时代转换关口的一种思维形态，创新是其本质的本源、是其动态的常态，互联网思维将会随着互联网实践的深入而螺旋上升、永续迭进——正如互联网在短短几十年间所历经的Web1.0、Web2.0、Web3.0发展进程中各种新应用、新平台、新模式的"你方唱罢我登场"。从思维结果维度看，互联网思维是人在互联网实践中思维创造的时代结晶。

第三节　互联网思维的外延

从既有研究看，各界对互联网思维外延的归纳提法纷繁，包括用户思维、粉丝思维、颠覆思维、简约思维、极致思维、迭代思维、流量思维、大数据思维、智能化思维、社会化思维、平台思维、跨界思维、体验思维、社群思维、免费思维、O2O思维、精益思维、碎片化思维、痛点思维、第一思维等。基于对互联网思维内涵的分析，立足对互联网思维实践的观察，笔者认为互联网思维的包含是开放的、变化的、发展的，讨论其外延宜采用"分类式归纳"而非"穷尽式列举"，以此实现对互联网思维外延更全面、更精准的认识和理解。在本研究中，笔者结合研究对象的特性特征，拟将从价值、产品、传播、管理四个维度来把握互联网思维的外延，择其要者进行具体阐释。

一 "以用户为中心"的价值思维

互联网思维的价值思维是"以用户为中心"，体现为用户思维。用户思维是互联网思维的核心，其他互联网思维都是以用户思维为核心衍生出来的，都是用户思维在产品创新、传播优化、管理再造中的具体与显化。价值思维的核心理念是"用户至上"，是相对"客户至上"而言的，具体包含以下三个方面涵义。

（一）理解用户价值

1973 年，互联网之父、3COM 公司创始人罗伯特·梅特卡夫提出了著名的梅特卡夫定律："网络的价值等于网络节点数的平方，网络的价值与联网的用户数的平方成正比。"2004 年，美国《连线》杂志主编克里斯·安德森发表了著名的《长尾》一文，彻底颠覆了传统商业的"二八法则"，深刻揭示了用户在互联网时代的惊人价值——传统公司看重的是处在正态分布曲线"头部"的少部分客户，互联网公司看重的则是处在正态分布曲线"尾部"的大多数用户，"尾部"用户因其数量庞大，汇聚起来往往能够产生匹敌甚至超越"头部"客户的巨大效益。"用户"和"客户"一字之差，区别在于：客户是"付钱者"但未必是"使用者"，用户是"使用者"却未必是"付钱者"。用户，是互联网公司的价值链基础，用户衍生客户，有了用户，客户自然随之而来；用户至上，是互联网公司的核心价值观，用户决定成败，有了用户，公司自然实现盈利。以腾讯公司为例，腾讯公司是中国市值最大的互联网公司，其撬动整个互联网行业的有力支点即是其在全球所拥有的数十亿用户。基于强大的用户基础，腾讯几乎能够快速运行每一个互联网成功商业模式并取得成功——"在中国互联网巨头中，只有马化腾与马云、丁磊、张朝阳、李彦宏这四大互联网巨头同时过招，并且一度有赶超的趋势。他们身上有的，马化腾身上都有，但马化腾身上有的，他们身上却没有。"[①] 统计数据显示，"在用户活跃数排名前五名的非游戏应用中，腾讯占了 3.5 个，QQ 和微信是龙头，半个是搜狗，占据第三位的是 QZONE 以及 360 安全卫士。前十名中占了 5.5 个，前20 名中则占了 7.5 个"。[②]

（二）满足用户需要

在互联网时代，用户真正地成为拥有自由意志的"货币选民"，用户需要取代产品功能成为评价互联网产品的第一标准，"不看广告看疗效"，谁能满足用户需要，谁能打中用户痛点，谁便能赢得用户、赢得市场。需要是一个抽象的概念。一般来讲，用户需要可以分为两种类型：一是显性需要，亦即用户已经觉察、有明确满足物的需要；二是隐性需要，亦即用户尚未觉察（或者朦胧觉察）、没有明确满足物的需要。因此，满足用户需

---

① 金圣荣. 马化腾：我的互联网哲学 ［M］. 深圳：海天出版社，2015：1.
② 腾讯到底有多强大？［EB/OL］. 科学中国网，http://science. china. cn/ 2013 – 11/26/content_ 30707991. htm.

要，应当包括两个方面：一个方面，要满足用户的显性需要，根据用户的需要提供用户需要的产品，比如，抓住了用户的网络安全需要，有了360；抓住了用户的网络社交需要，有了QQ；抓住了用户的网络购物需要，有了淘宝；抓住了用户的网络信息需要，有了三大门户；等等。另一方面，要满足用户的隐性需要，对用户尚未明确觉察到的需要进行挖掘，进而开发新的产品唤醒用户的隐性需要，比如，挖掘了用户的支付需要，有了支付宝；挖掘了用户的打车需要，有了滴滴；挖掘了用户的共享需要，有了摩拜；挖掘了用户的点餐需要，有了饿了么；等等。显而易见，满足用户隐性需要远比满足用户显性需要困难得多——不仅要进行用户分析研究，挖掘用户隐性需要，更要对用户进行"教育"，培养用户的新消费观念和新消费习惯，进而建立新的市场规则，开发新的市场空间，支付宝、滴滴、摩拜、饿了么无一例外通过"烧钱营销"来激活用户的隐性需要。满足用户隐性需要是满足用户需要的关键所在，亦将是互联网产业未来的主要生长点。

（三）注重用户体验

体验亦是一种需要，一种更高层次的需要，超越产品所带来的功能上的满足，表现为产品所带来的生理、心理、情感上的满足——人的愉悦，包括健康、美观、舒适、便利、快捷、有趣等等。在互联网时代，用户的刚性需要已经得到了充分的满足，用户似乎已经"什么都不缺了"，那么怎样才能抓住用户、黏住用户？核心即在用户体验。因此，"以用户为中心"，既要满足用户需要，更要注重用户体验，既要满足用户功能性需要，更要满足用户体验性需要，恪守"体验为王"的互联网逻辑。正如马化腾所讲到的："用户思维是一种打动思维，以打动用户的心来形成消费者的黏性。"① 也如马云所讲到的："用户是一个脾气很大的女朋友，企业必须要服软，必须要对其保持顺从，只有这样才能更好地为用户服务。"② 以腾讯公司为例，腾讯公司成立了专门的"用户研究与体验设计中心"，提出了"10/100/1000 法则"（每个产品经理必须每月做 10 个用户调查，关注 100 个用户的博客，收集反馈 1000 个用户的体验），运用社会学、心理学、行为学等用户研究方法，研究不同用户在不同场景下的体验，不断扎中用户的痛点，挠中用户的痒点，刺激用户的兴奋点。再以阿里巴巴公司为例，阿里巴巴一度是"海归"的天下，清一色的高学历、欧美教育背景的精英，但是马云很快送走了 95% 的"海归"，因为他们对国内的情况并不了解，无法切身体会国内用户的体验；马云最终选择转向靠本土化人才走本土化路线打造本土化的阿里帝国。

二 "以创新为驱动"的产品思维

互联网思维的产品思维是"以创新为驱动"，体现为包括颠覆思维、简约思维、极致思维、迭代思维等的思维集合。产品思维是用户思维在互联网产品创新中的具体与显化。产品思维的核心理念是"产品为王"，是相对"渠道为王"而言的，具有典型代表性的互联网产品思维包括以下几种。

（一）颠覆思维

互联网的发展，为许多以往看似无法逾越的问题提供了解决

---

① 金圣荣．马化腾：我的互联网哲学 [M]．深圳：海天出版社，2015：123．

② 林汶奎．马云的互联网思维 [M]．长沙：湖南科学技术出版社，2015：47．

途径，为许多以往看似理所当然的做法给出了替代方案，产业融合已经成为一个不可逆的大趋势，催生了一系列的颠覆式创新、颠覆性产品——微信颠覆了电信业，余额宝颠覆了理财业，京东颠覆了零售业，Roseonly 颠覆了鲜花业，360 颠覆了杀毒软件业……"在互联网时代，颠覆已经不再是来自同一行业的对手，颠覆者的商业模式已与传统公司大不相同，颠覆者也不再去遵循传统的颠覆路线去颠覆他人……有颠覆思维的创业者们可能将新的技术组合在一起，开发出更有价值体验的产品。"①

所谓颠覆思维，就是"跨界创新"的思维方式，敢当"搅局者"，瞄准传统行业的低效点，乘虚而入，野蛮跨界，重塑新理念、重建新模式、开发新市场，以高效率整合低效率，更好地满足用户需要、提升用户体验，进而彻底改变传统产业格局。典型案例就是滴滴。滴滴跨界闯进出租车行业，没买一台汽车，没聘一个司机，而是通过搭建打车平台，将车和乘客吸引到平台上来，成为中国最大的出租车公司。索尼公司创始人出井伸之在分析索尼的衰落时这样讲道："新一代基于互联网 DNA 企业的核心能力，在于利用新模式和新技术更加贴近消费者、深刻理解需求、高效分析信息并做出预判。所有传统的产品公司，都只能沦为这种新型用户平台级公司的附庸，其衰落不是管理能扭转的。互联网的真正魅力就是'the power of low end'（末端的力量）。"②

（二）简约思维

在互联网行业，产品供给越来越多，转移成本越来越低，用

---

① 金圣荣. 马化腾：我的互联网哲学［M］. 深圳：海天出版社，2015：3 - 4.
② 新时代，具有互联网 DNA 的企业更可能成功［EB/OL］. 豆瓣网，https://www.douban.com/note/213741414/.

户在丰富的选择前慢慢地成了"被宠坏的孩子",开始变得慵懒、挑剔甚至苛刻,"一言不合就卸载","稍不顺心就拉黑",只信"一见钟情"不信"日久生情",往往在几分钟内就对一款产品做出终极评价。"用户很多时候拿到产品一看,这个功能不懂,那个功能又不会用,甚至很多时候连产品的功能还没明白就将这个产品从自己的电脑或手机上删除了。如果是这样,那么就代表这个产品是彻底失败了。"① 从用户体验出发,简约成为互联网行业对产品设计的共同追求。

所谓简约思维,就是"化繁为简"的思维方式,"看起来简洁",一目了然;"用起来简化",一键到达;"说起来简单",一点就透——就像用户需要用水拧开龙头水就出来一样。典型案例就是苹果。苹果的成功,不是赢在核心技术,而是赢在简约,苹果在 3G、4G 等手机核心技术上都没有获得专利,但是就是凭着"外观简洁、流程简化、操作简便"的极简主义设计风格,成就了 iPhone 这一世界级产品。1998 年 5 月 28 日,乔布斯在接受《商业周刊》采访时曾经这样讲道:"专注和简单一直是我的一个秘诀。简单比复杂更难:你必须付出巨大艰辛,化繁为简。但这一切到最后都是值得的,因为一旦你做到了,你便能创造奇迹。"

(三) 极致思维

在互联网时代,产品功能不断完善,产品服务不断升级,用户的注意力稀缺和产品抵抗力使得产品单凭功能本身已经很难打动消费者。在满足用户功能需求的基础上,用户体验已经超越功

---

① 前置体验,才是打动用户的神器 [EB/OL]. 腾讯网,http://tech. qq. com/a/20131106/011356. htm.

能本身成为衡量互联网产品的第一标准，谁能带给用户更好的体验、更大的惊喜，谁便将赢得用户、赢得市场。在互联网行业，遵守的是"赢家通吃"的幂次定律："每个垂直细分领域，基本只有一到两个机会，第三名往后，要么等着被收购、要么等死。比如综合类电商，第一名是淘宝、第二名是京东，没有第三；比如化妆品类电商，第一名是聚美优品、第二名是乐蜂网，没有第三；比如分类信息网站，第一名是 58 同城、第二名是赶集网，没有第三。"① 残酷的市场竞争，显著的网络外部性效应，逼着互联网公司必须追求极致。

所谓极致思维，就是"超越预期"的思维方式，产品的功能和服务所带来的体验超出用户预期，打中用户的兴奋点，让用户有尖叫的冲动。"如果你的产品和服务足够优秀，但却不能超出用户的预期，那就代表你未将产品做到极致。"② 典型案例就是淘宝。淘宝打造了 C2C 电商模式，与易趣、eBay 在功能上并无多大差别，但是，淘宝针对早期电子商务的高收费、高门槛推出了免费模式，吸引了众多商家投奔淘宝，同时淘宝不断给予用户以超预期体验——针对网购信用问题推出评价体系（支持用户评价商品），针对支付安全问题推出支付宝（承诺损失全额赔付），针对存量资金问题推出余额宝（收益高于银行利息），针对物流缓慢问题推出菜鸟网络（承诺 24 小时到货），从而一举击溃易趣、eBay 两大竞争对手，坐稳了中国电商的头把交椅。

---

① 互联网公司为何要烧钱？［EB/OL］．腾讯网，http://gd.qq.com/a/20151021/049311_1.htm.

② 金圣荣．马化腾：我的互联网哲学［M］．深圳：海天出版社，2015：79.

（四）迭代思维

在互联网时代，唯一不变的就是变化，互联网技术日新月异，互联网模式推陈出新，互联网产品迭代升级，"唯快不破"成为互联网时代的生存法则，"敏捷开发"成为互联网产品的典型模式。从软件版本号看，截止到 2020 年 3 月 21 日，QQ2020 的版本号为 QQ2020 9.2.5，主版本号 "9" 代表着 QQ 自 1999 年发布以来，已经进行了 9 次大的变动，比如整体架构发生变化或者出现不向后兼容的改变；次版本号 "2" 代表着 QQ9.0 版已经进行了 2 次新功能升级；修订版本号 "5" 代表着 QQ9.2 版已经进行了 5 次 bug 修复或微小修改。

所谓迭代思维，就是 "不断完善产品" 的思维方式，抢先推出，小步快跑，快速迭代，臻于极致，通过 "微创新" "试错"，让用户不断感知产品的新功能和新体验，进而始终对产品保持着兴趣、依赖和黏性。迭代的基本过程是：推出产品—接收反馈—总结反馈—升级产品。在这一过程中，关键环节是在中间的 "反馈" 部分，没有反馈就没有迭代，不能有效接收反馈就无法真正完成迭代。典型案例就是微信。2010 年，腾讯启动开发微信，微信 1.0 起初以短信免费为卖点，用户并不买账，微信 1.2 转向以图片分享为卖点，市场依然冷淡，直至微信 2.0 调整为以语音输入为卖点，方才真正打中用户 "痛点"，为用户和市场所接纳，成就了微信的亿万用户。

三　"以关注为旨向"的传播思维

互联网思维的传播思维是 "以关注为旨向"，体现为包括流量思维、爆点思维、粉丝思维、社会化思维等的思维集合。传播思维是用户思维在互联网传播优化中的具体与显化。传播思维的核心理念是"关注为王",是相对"广告为王"而言的,具有典型代表性的互联网传播思维包括以下几种。

(一)流量思维

在互联网时代,流量是互联网公司生存和发展的根基,无论产品型公司、信息型公司抑或平台型公司。流量就意味着体量,体量就意味着分量,有了流量就身价百倍,没有流量则一文不值。在互联网公司的估值模式中,其中一个非常重要的指标就是流量,包括注册用户数量、活跃用户数量以及用户访问频率等,一个注册用户数达到 1000 万的互联网产品,在没有任何盈利的情况下,就可以被资本市场估值数亿美元。因此,流量成为互联网公司在运营管理中优先考虑的首位因素。

所谓流量思维,就是"抢用户量"的思维方式,把用户量而非利润量作为公司发展的优先目标,采取一切方式吸引用户、黏住用户、锁定用户、沉淀用户,在获得稳定的用户量的基础上再建立价值链和盈利模式——先圈用户再圈钱。正如高德地图副总裁郄建军所讲到的:"如果要想做互联网,必先'自宫',让用户端没有成本,这样才能在产品上不断创新,之后再来建立其他的商业模式。这是互联网和移动互联网的法则。"[①] 当前,免费模式已经成为互联网公司获得流量的通用方式,新浪、搜狐、QQ、微信、百度、360 无一例外采用免费模式获得流量,滴滴、快的、

---

① 郄建军. 从免费使用到高德 LBS 开放平台 [EB/OL] . TechWeb 网,http://www. techweb. com. cn/news/2013 – 11 – 28/1363656. shtml.

摩拜、OFO、国美、苏宁更是甚至通过"倒贴"模式吸引用户、争夺流量。

（二）爆点思维

在互联网传播环境和交易环境下，第三方意见、用户口碑在导引购买行为中起着越来越重要的作用，有更多人购买、更多人评价的商品往往非常容易得到消费者的关注和青睐，成为消费者的首选，成为所谓"爆款""牛品"。在京东、淘宝、糯米、当当、唯品会、亚马逊等电商平台上，几乎任何一个类型的商品都有一款或者几款销量遥遥领先的"爆款"。爆款本身大多物美价廉，往往不能带来多少利润，但却可以带来巨大流量，积累众多粉丝，迅速提升品牌的知名度和美誉度。

所谓爆点思维，就是"制造引爆话题的点"的思维方式，通过提供"让用户尖叫"的产品、服务，引起用户注意，形成热点话题，快速积累粉丝，进而迅速提升品牌的知名度和美誉度。典型案例就是小米。在小米科技创始之初，雷军一直强调用两点标准来衡量小米的行为：一是用户会不会为小米的产品尖叫；二是用户会不会真心地把小米的产品推荐给朋友。[1] 因此，小米手机发布一直采用"顶配""首发""低价"等策略来制造小米手机爆点、打造小米手机爆款，进而借助微博、微信、博客、论坛等社会化媒体，通过用户主动传播形成用户口碑传播，打造小米手机配置超预期、性能超预期、品质超预期、价格超预期的亲民品牌形象。

---

[1]　安杰．一本书读懂 24 种互联网思维［M］．北京：台海出版社，2015：56．

（三）粉丝思维

"粉丝现象"是互联网时代的一种独特而不容忽视的现象。粉丝不同于用户，粉丝是用户中的"拥趸"，是品牌的忠诚支持者，对于品牌的传播、完善、发展有着特殊的积极贡献。社区媒体监测机构 Syncapse 对 Facebook 上前 20 大品牌的 4000 名粉丝进行了调查，调查结果显示，每个粉丝价值 136.38 美元，粉丝愿意为自己喜欢的品牌多支付 71.84 美元。在互联网时代，无粉丝不品牌，粉丝的数量一定程度上可以代表品牌的影响力，反映品牌的发展力。现今，"果粉""花粉""米粉"已经成为苹果、华为、小米的品牌代名词，在产品和品牌的发展中扮演着义务产品推销员、义务品牌宣传员甚至义务客服、义务售后的角色。

所谓"粉丝思维"，就是"注重经营粉丝"的思维方式，通过连接粉丝、与粉丝互动、满足粉丝需要，圈粉、养粉，培养和累积品牌的粉丝，让粉丝为品牌代言和站台。典型案例就是小米。小米的粉丝从最初的"米友"，到"米饭"，到"米粉"，人数一路飙升，据"秒针水表"统计，到 2018 年小米官方微博有效粉丝已经达到 800 万人。2011 年，在发布 MIUI 第一个内测版本时，小米毫无名气，用户只有 100 个人，小米把这 100 个用户作为"最珍贵的种子用户"，把他们的论坛 ID 写在了手机开机画面上，并推出了微电影《100 个梦想的赞助商》向粉丝致敬。在后期的发展中，小米持续推出了线上活动"红色星期二""小米徽章""荣誉开发组"等，线下活动"爆米花""小米同城会""米粉节"等与粉丝互动。今天，"因为米粉，所以小米"已经成为小米公司的核心价值观。

（四）社会化思维

在互联网时代，社交网络日益发达，传播方式发生了革命性的变化，"人人都是自媒体，人人都有麦克风"，社会化媒体超越了大众媒体，口碑传播超越了广告传播，用户即媒介，口碑即传播。在产品链中，用户是消费者，也是设计者，更是传播者，用户基于自媒体的关系链传播（评论、转发、分享、推荐等）对于品牌传播、产品推广有着至关重要的作用。正如黎万强所讲到的："每个公司都是自媒体，要成为每个企业的战略，一定要把它当主战场来看。公司不做自媒体，未来只有死路一条，因为广告的效果越来越差，用户只相信口碑。"①

所谓社会化思维，就是"利用社会化媒体进行传播"的思维方式，在为用户提供极致产品、极致体验的基础上，通过推出爆款、制造话题、吸引眼球、经营粉丝等方式，推动产品和品牌的社会化传播。典型案例就是小米。相比三星（SAMSANG）、OP-PO铺天盖地的电视广告，小米基本不做电视广告，不做节目冠名，不做明星代言，而是在微博、微信、论坛、空间和贴吧上组建了强大的运营团队，力推口碑传播，让用户为品牌站台，成为产品的"推销员"。小米公司推出的"我是手机控""小米青春版海报""盒子兄弟"等一系列自媒体宣传活动，在极短的时间内积累起了数百万人的"米粉"，通过自媒体建立起了小米手机的市场品牌。

---

① 黎万强. 每个公司都是自媒体　不做广告做内容［EB/OL］. 梅花网，ht-tp://www.meihua.info/a/36339.

四　"以效率为导引"的管理思维

互联网思维的管理思维是"以效率为导引",体现为包括大数据思维、智能化思维、平台思维等的思维集合。管理思维是用户思维在互联网管理再造中的具体与显化。管理思维的核心理念是"服务为王",是相对"控制为王"而言的,具有典型代表性的互联网管理思维包括以下几种。

(一) 大数据思维

在移动互联网时代,一切事物都在被全方位地"数据化",数字终端、云存储将人的语言、思想、生活、工作、社交、位置甚至身体等信息在数字空间留下了"痕迹"。海量的用户数据看似零散,却隐藏着必然的逻辑、规律和相关性,成为一种理解用户的宝贵"智力资源",能够为公司制定发展战略、研发优质产品、改进用户体验提供有力的决策支持。"数据不仅可以解说过去,也可以驱动现在,更可以决定未来。"[①]

所谓大数据思维,就是"理解数据"的思维方式,理解数据的价值,重视通过数据挖掘、数据分析,更精准地掌握用户行为,分析用户需求,进而帮助公司优化管理和科学决策,为用户提供更为个性化、更具体验感的产品和服务。在今天,数据挖掘技术已经非常强大,数据处理与分析等基础技术方面已经取得实质性突破,而关键在于如何从商业和社会的角度去理解数据。典型案例就是 Decide. com 公司。美国初创公司 Decide. com 开发了

---

① 王文京. 互联网公司是"数据驱动型企业"先锋 [EB/OL]. 央广网, ht-tp://tech. cnr. cn/techgd/201311/t20131111_ 514093773. shtml.

一个电商比价平台，在全球各大网站上收集数以十亿计的数据，然后基于数据挖掘、数据分析帮助人们做出购买决策，什么时候买什么产品最便宜。Decide. com 电商比价平台一经推出就得到了用户和风投的青睐和追逐，2013 年 9 月，Decide. com 公司被 eBay 公司全资收购。

（二）智能化思维

在经历了互联网时代、大数据时代之后，现今人类社会正在迈入崭新的人工智能时代。在移动互联网、大数据、超级计算、传感网、脑科学等新理论新技术驱动下，人工智能呈现深度学习、跨界融合、人机协同、群智开放、自主操控等新特征，从人工知识表达到大数据驱动的知识学习技术，从分类型处理的多媒体数据转向跨媒体的认知、学习、推理，从追求智能机器到高水平的人机、脑机相互协同和融合，从聚焦个体智能到基于互联网和大数据的群体智能以及从拟人化的机器人转向更加广阔的智能自主系统,[①] 并被广泛应用于教育、医学、金融、法律等诸多领域，正深刻改变着人们的生产、生活、学习方式。

所谓智能化思维，就是"算法赋能"的思维方式，基于大数据、算法、计算力三大核心要素，借助算法对海量"数据流"进行聚合、类化，开发人工智能应用场景，进而实现对人的智力、能力的延伸和增强。比如，多模态分析能够为用户精准画像，掌握用户的需要、习惯和偏好，适应性反馈能够为用户定制内容，推荐和投递个性化、针对性信息，人机协同能够协助用户"在一

---

① 新一代人工智能发展规划［EB/OL］. 中国政府网，http://www. gov. cn/zhengce/content/2017－07/20/content_ 5211996. htm.

个智能系统中融合机器智能与人类智能"①,从而使复杂问题得到
有效解决等。可以预见,随着人工智能技术的发展、应用场景的
丰富以及政策法规的完善,人工智能必将在从弱人工智能到强人
工智能再到超人工智能的进化中提供更强赋能。

（三）平台思维

互联网的开放性、交互性、便捷性,使得低成本联通各方成
为可能,各种互联网平台应运而生,比如电商平台天猫、京东,
社交平台微信、QQ,服务平台去哪儿、饿了么、滴滴打车、58
同城等等。平台模式成为互联网公司的共同战略选择。"全球最
大的100家公司里面有60家公司主要收入来自于平台业务,包括
苹果、谷歌、脸书,这些公司在10年前要么还没诞生,要么还
是很小型的公司,但是10年来长大成全球非常有影响力的企业,
一个共同的商业模式就是平台模式。"②

所谓平台思维,就是"构建多方共赢的生态圈"的思维方
式,把资源方和需求方撮合到一起,交流交易,共享共赢,各取
所需,各得所得,进而全方位地、更好地满足多方面需要,产生
网络外部性效应（跨边外部性效应和同边外部性效应）,最终形
成一个和谐共生的平台生态圈。典型案例就是腾讯。腾讯从做 IM
起家,2005 年马化腾提出腾讯"一站式在线生活"战略,通过自
主开发、收购并购、开放连接等方式打造了一个无所不包的腾讯
生态圈,没有搜索就开发 SOSO,没有门户就开发腾讯网,没有

① 陈凯泉,张春雪,吴玥玥,刘璐. 教育人工智能（EAI）中的多模态学习分析、适应性反馈及人机协同 [J]. 远程教育杂志,2019（5）：31.
② 陈威如. 互联网精神与平台思维 [EB/OL]. 搜狐网,http://business.sohu.com/20140929/n404756118.shtml.

邮箱就开发 QQ 邮箱，没有微博就开发腾讯微博，没有电商就入股京东，没有出行就入股滴滴，没有旅行就入股艺龙，没有安全就入股金山……腾讯基于用户需求细分，提供了数百种互联网产品，涵盖了新闻、通信、社交、游戏、搜索、购物、支付、金融、安全、生活服务等几乎所有领域——你在线上，无论想做什么，都可以找腾讯。

第四章
基于互联网思维的高校网络思想政治教育理念发展

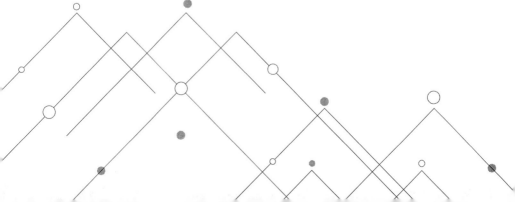

习近平总书记指出："古人说：'理者，物之固然，事之所以然也。'发展理念是发展行动的先导，是管全局、管根本、管方向、管长远的东西，是发展思路、发展方向、发展着力点的集中体现。发展理念搞对了，目标任务就好定了，政策举措也就跟着好定了。"① 理念作为一个哲学范畴，系指一种"按照实践改造世界的需要所形成的思维形式"②，"一种理想的、永恒的、精神性的普遍范型"③。理念源自社会存在，"观念（理念）的东西不外是移入人的头脑并在人的头脑中改造过的物质的东西而已"④，"是概念和客观性的符合"⑤。理念是思维的高级形式，是人在实践中思维经验的凝结升华、思维背景的形成运用、思维观念的转换完善。

收敛到高校网络思想政治教育领域，随着互联网时代的到来，互联网社会的崛起深刻地改变着社会存在，与此同时，互联

---

① 习近平. 关于《中共中央关于制定国民经济和社会发展第十三个五年规划的建议》的说明［EB/OL］. 新华网，http://www.xinhuanet.com/politics/2015 - 11/03/c_ 1117029621_ 2. htm.
② 陈新汉. 论理念［J］. 华东师范大学学报（哲学社会科学版），1987，(5)：3.
③ 中国大百科全书·哲学（I 卷）［M］. 北京：中国大百科全书出版社，1987：465.
④ 马克思恩格斯全集（第 23 卷）［M］. 北京：人民出版社，1972：24.
⑤ 列宁全集（第 55 卷）［M］. 北京：人民出版社，1990：163.

网思维以一种新的思维形式出现在高校网络思想政治教育视野之中，在融合传统高校思想政治教育理念、推动高校网络思想政治教育实践的过程中，实现高校网络思想政治教育价值理念、方法理念、治理理念发展。

第一节　价值理念：在坚持教师主导中突出学生主体

高校网络思想政治教育价值理念，是高校网络思想政治教育的价值观，集中反映高校网络思想政治教育的价值取向、价值追求。互联网时代的新环境新特点，要求高校网络思想政治教育价值理念应在坚持教师主导中更加注重突出学生主体。

一　高校思想政治教育教师主导理念的现况与审思

在高校思想政治教育中，教师主导理念占据主流，教师[①]被定位为高校思想政治教育主体，在高校思想政治教育中处于主导、支配地位；学生被定位为高校思想政治教育客体，在高校思想政治教育中处于从属、被动地位。一方面，教师主导强调了"教"相对于"学"的逻辑优先，保证了高校思想政治教育的政治性、方向性，在高校思想政治教育中应当牢牢把握、始终坚持。另一方面，高校思想政治教育过于强调教师主导、相对忽视学生主体，也导致了高校思想政治教育"理念天平"的失衡，限

---

① 文中"教师"意指广义上的思想政治工作者，包括思想政治理论课教师、党团干部、辅导员等。

制了学生的主体性、能动性发挥，导致了教育的吸引力、实效性
难题。具体表现为：在高校思想政治理论教育中，教师主导教学
计划、教案设计、课堂组织、考核评价，习惯于搞"家长制"
"一言堂"，学生"被上课""被学习"，学习主体性、主动性受
到抑制，思政课成了教师的"独角戏""独白剧"，高校思想政治
理论教育面临着"抬头率"低的困境；在高校日常思想政治教育
中，教师主导谈心谈话、党日活动、团日活动、社会实践、志愿
服务、报告讲座、文化艺术等活动，学生自我教育、自我管理、
自我服务、自我监督体制不全、运行不畅，教育活动"要我参
加"多于"我要参加"，陷入了"走过场""拉郎配"的怪圈，
高校日常思想政治教育面临着"参与率"低的困境；在高校网络
思想政治教育中，教师主导思想政治教育主题网站、官方微博、
官方微信公众号建设，主导网络内容采编、网络信息推送、网络
活动组织，吸引学生能力不强，引导学生效果不佳，结果"红网
不红""红号不红"，不少沦为无人问津的"僵尸网""僵尸号"，
高校网络思想政治教育面临着"点击率"低的困境。一言以蔽
之，在长期过于偏重强调教师主导的影响下，高校思想政治理论
教育、高校日常思想政治教育、高校网络思想政治教育共同面临
着吸引力、实效性难题，长期存在，亟待破解。

　　教师主导理念的思想来源是灌输理论——群众不能自发地产
生社会主义意识形态，必须从外部自觉地将其灌输到群众中去，
正如列宁所指出的："工人本来也不可能有社会民主主义的意识。
这种意识只能从外面灌输进去，各国的历史都证明：工人阶级单
靠自己本身的力量，只能形成工联主义的意识。"① 灌输理论是马

---

　　①　列宁选集（第 1 卷）［M］．北京：人民出版社，1995：317.

克思主义的重要原理，其核心观点在于论证思想政治教育的重要性、必要性，而绝非将灌输仅仅视为方法。相反，马克思主义经典作家一贯反对生硬的、僵化的、教条式的灌输，强调灌输不应是提供现成的结论，而是要结合灌输对象的自我教育、自我体验，引导灌输对象掌握科学社会主义的世界观和方法论。1887年，恩格斯在致弗·凯利·威士涅威茨基夫人的信中这样写道："我们的理论是发展的理论，而不是必须背得烂熟并机械地加以重复的教条。愈少从外面把这种理论硬灌输给美国人，而愈多由他们通过自己的亲身经验（在德国人的帮助下）去检验它，它就愈会深入他们的心坎。"①

然而，现实情况却往往是，在高校思想政治教育实践中，关于灌输理论的认识和理解渐趋浅表化、狭隘化、工具化，将灌输理论片面地等同于灌输方法，课上"灌"课下"灌"，网上"灌"网下"灌"，"灌输"成了高校思想政治教育的主要方法甚至唯一方法。正是由于对灌输理论与灌输方法关系的错位认识，高校思想政治教育倾向于把学生视为被动的、受动的灌输对象，"教"的地位不断强化、趋向中心，"学"的地位不断弱化、趋向边缘，教师主导理念日趋固化、根深蒂固，学生主体理念日趋式微、蔽而不彰。教师主导理念导引下设计的高校思想政治教育体制，在内容、方法、评价、激励等诸方面，对学生的主体地位、发展需要、成长体验重视不够，成为一种"控制性说服"教育，存在着强烈的控制性、封闭性甚至防范性、压制性，学生在教育过程中难以感受到"参与感""存在感""获得感""满足感"，"师"与"生"各说各话，"教"与"学"渐行渐远，由

---

① 马克思恩格斯选集（第4卷）[M]．北京：人民出版社，1995：681．

此导致高校思想政治理论教育"抬头率"低，高校日常思想政治教育"参与率"低，高校网络思想政治教育"点击率"低，高校思想政治教育"三驾马车"共同面临着吸引力、实效性难题。

二 高校网络思想政治教育学生主体理念的勃兴与确立

近年来，面临高校思想政治教育的吸引力、实效性难题，学生主体理念呼声渐强，以翻转课堂、朋辈教育、自我教育、网络互动为代表的新尝试新探索崭露头角、初具影响，高校思想政治教育"坚持教师主导、突出学生主体"理念日趋成为共识。而互联网时代的到来，则无疑加速了这一发展进程——高校思想政治理论教育"抬头率"低，尚可凭借考试体系、课堂纪律勉力维持，高校日常思想政治教育"参与率"低，尚可凭借组织体系、管理纪律勉力维持，但高校网络思想政治教育"点击率"低则是无从下手、无处用力，高校网络思想政治教育仿佛成了"沙漠中的布道者"，这便倒逼后起的高校网络思想政治教育必须先行一步，担当起"三驾马车"理念发展的"头马"，率先推进价值理念发展，在坚持教师主导中更加注重突出学生主体。

（一）尊重学生主体地位

互联网是一种"去中心""去权威"架构，每个人都是一个平等的"节点"，都是"人的网络实践活动中不容置疑的主体"①。在高校网络思想政治教育中，学生成为拥有独立意志的

① 谢玉进，吕雪飞. 论网络思想政治教育内容拓展 ［J］. 继续教育研究，2017，（5）：90.

"信息选民",拥有信息的选择权、评价权、发布权,浏览什么网站、点开什么信息、表达什么态度,几乎全由学生自主决定,基本不受任何外在干涉,学生的主体精神得到空前张扬,学生的主体地位得到确认彰显。与此同时,在高校网络思想政治教育中,教师基于文化传统和特定场景所构建起的教育权威不复存在,教师所拥有的"主导权"失去了,所依靠的"渠道""阵地"消失了,难以按照单方面的设计掌控教育过程,难以按照组织化的安排掌握教育对象,难以按照计量化的标准评估教育效果。"凡是有某种关系存在的地方,这种关系都是为我而存在的。"① 互联网时代学生主体地位的确认彰显,规定了教师与学生间的关系不再是"主动"与"被动"、"施动"与"受动"的关系,而是转化为教育过程的共同构建者与平等参与者。教师所扮演的角色不再纯粹是理论的宣讲者、知识的传授者、学习的管理者,而是转换为学习场景、学习资源、学习活动的设计者、开发者和管理者,学生学习的引导者、支持者和促进者。"理论一经掌握群众,也会变成物质力量。理论只要说服人,就能掌握群众;而理论只要彻底,就能说服人。所谓彻底,就是抓住事物的根本,但是,人的根本就是人本身。"② 这即要求,高校网络思想政治教育真正尊重学生主体地位,真正尊重学生个性发展,从"主客体观"向"双主体观"转变,从"教的范式"向"学的范式"转变,从"传授模式"向"学习模式"转变,围绕学生发展重构教育体系,围绕学生需要重组教育资源,围绕学生体验重设教育场景,围绕学生反馈重建教育流程,引导促进学生在充分合理地发扬其主体

---

① 马克思恩格斯选集(第1卷)[M].北京:人民出版社,2012:161.

② 马克思恩格斯选集(第1卷)[M].北京:人民出版社,1995:9.

性中实现精神成长和素质发展。

（二）满足学生发展需要

"人的需要是人的行为的原动力，在人的心理—行为过程中处在起点的位置。"① 马斯洛需要层次理论把人的需要分为生理需要、安全需要、爱与归属的需要、尊重的需要、自我实现的需要五个层次；马克思主义关于人的需要理论将人的需要归为自发需要、自觉需要、自由自觉需要三个层次。"思想政治工作对象是现实的人、具体的人。对于有血有肉的个体而言，都会有成长成才、全面发展的合理诉求，直接关乎思想政治工作的有效开展和实际效果。"② 大学生处在人生"拔节孕穗"的关键时期，面临着这样或那样的思想困惑，承受着这样或那样的心理压力，存在着这样或那样的成长烦恼，有着强烈的独立意识、问题意识和质疑批判精神，有着思想引导、心理疏导、成长指导的现实需要。然而，高校思想政治教育"三驾马车"何以"抬头率"低、"参与率"低、"点击率"低？根本原因在于，高校思想政治教育未能真正满足学生发展需要或者未能完全满足学生发展需要，"所讲的"并非"想听的"，"所给的"并非"想要的"，"学生所学不能转化为对日常学习生活有针对性的指导和帮助"③，高校思想政治教育供给—需求关系出现错位，成为低效供给甚至无效供给——正如马克思主义经典作家所指出的："'价值'这个普遍的

---

① 张云. 思想政治教育心理学［M］. 上海：上海人民出版社，2001：70.

② 冯刚. 增强高校思想政治教育持续发展的内生动力［J］. 中国高等教育，2017，(13/14)：26.

③ 刘守义. 大学生思想政治教育生活化的哲学解读及实现路径［J］. 学校党建与思想教育，2015，(6)：40.

概念是从人们对待满足他们需要的外界物的关系中产生的。"① 这即要求，高校网络思想政治教育从学生的主体需要出发，主动进行"颠覆性创新"，主动深化"供给侧改革"，既要注重"教师想讲什么"更要注重"学生想听什么"，既要注重"教师想给什么"更要注重"学生想要什么"，既要注重"学生显性需要"更要注重"学生隐性需要"，通过深化对象研究、接受学生反馈真正理解学生需要，通过更新内容形式、创新方法模式切实满足学生需要，通过提升工作活力、释放工作张力有效激发学生需要，抓住学生的"痛点""痒点""兴奋点"，实实在在帮助学生解决思想困惑，舒缓心理压力，化解成长烦恼，在满足学生发展需要中不断增强高校网络思想政治教育针对性、实效性，不断提高学生思想水平、政治觉悟、道德品质、文化素养。

（三）注重学生学习体验

体验，是人的精神感受、心理感受；体验为王，是互联网时代的核心逻辑。在互联网时代的海量信息面前，注意力正在成为一种稀缺资源，正如诺贝尔奖得主赫伯特·西蒙所言："信息的丰富导致注意力的贫乏"，"随着信息的发展，有价值的不是信息，而是注意力"。② 那么，高校网络思想政治教育信息怎样才能从各类信息中脱颖而出，抓住学生的眼球，吸引学生的注意，赢得学生的认同呢？在满足学生发展需要的基础上，更为关键的是要满足学生的体验需要——高校网络思想政治教育既要"有意义"又要"有意思"，既要"有营养"又要"有滋味"，既要

---

① 马克思恩格斯全集（第 19 卷）［M］. 北京：人民出版社，1963：406.

② Simon' Herbert H, *The Architecture of Complexity*. Cambridge' Mass. MIT. 1981：114.

"有内涵"又要"有颜值",要能真正吸引学生、黏住学生、打动学生,要能真正让学生在参与中有愉悦感、获得感、满足感,进而"路人转粉""粉转死忠粉",使得高校网络思想政治教育信息基于微博、微信、论坛、朋友圈等互联网自媒体实现自发式、社会化的快速传播,达到高校网络思想政治教育目标。比如,南航徐川老师网文《我为什么加入中国共产党》、人民日报网文《中国精神,到底在哪里?我们必须要搞清楚》、中央电视台纪录片《厉害了我的国》,既以饱满的素材给予学生深刻的思想启迪,又以生动的故事给予学生良好的学习体验,故而受到了学生的欢迎、引起了学生的共鸣,成为网络思想政治教育的经典之作。这即要求,高校网络思想政治教育既要注重满足学生的发展需要,更要注重满足学生的体验需要,从学生体验出发,主动运用简约思维、极致思维、跨界思维、社会化思维等互联网思维,主动进行内容创新、话语创新、方法创新、模式创新等系统性创新,真正创设有代入感、体验感的场景,真正推出有亲和力、吸引力的信息,真正融入学生基于自我经验的意义建构过程,真正构建教学融合教学相长的和谐育人环境,吸引学生"注意力在场",进而形成有效的教育影响与熏陶。

第二节　方法理念:在深化意义教育中突出生活教育

高校网络思想政治教育方法理念,是高校网络思想政治教育的方法论,集中反映高校网络思想政治教育的基本原则、一般方法。互联网运行规律和网络原住民生存状态要求高校网络思想政治教育方法理念应在深化意义教育中更加注重突出生活教育。

一 高校思想政治教育意义教育理念的现况与审思

当前，高校思想政治教育总体上存在着偏重强调意义教育、理论教育的倾向。一方面，意义教育、理论教育承载着宣传马克思主义及其中国化理论成果，建设和发展社会主义意识形态，引导学生树立正确的理想信念、价值理念、道德观念的重要使命，是高校思想政治教育的"根"与"魂"，必须将之摆在首要位置，常抓不懈。另一方面，高校思想政治教育过于偏重意义教育，相对忽略对现实社会生活、现实校园生活、学生实际问题的关照与回应，也一定程度导致了理论与实际的脱节、教育与生活的分离、内化与外化的断裂。具体表现为：在内容上，往往简单照搬、套用马克思列宁主义、毛泽东思想、邓小平理论、"三个代表"重要思想、科学发展观、习近平新时代中国特色社会主义思想的概念、观点、语句，对学生发展需要、成长体验的现实性关照不足，对学生思想困惑、实际问题的针对性回应不足，注重形而上的理论知识，忽略形而下的生活体验，难以抓住学生眼球、吸引学生注意、满足学生需要，供给与需求"两张皮"的矛盾十分突出，高校思想政治教育常常处在"漂浮"状态；在形式上，对"95后""00后"大学生思想、心理、行为、话语等方面的特征抓得尚不够准，对把高校思想政治教育的"盐"加入大学生日常生活的"菜"尚缺有效手段，主要通过课堂讲授、主题活动、报告讲座、两微一端等途径，进行单向度的"是什么""怎么看"的教育灌输，忽视双向度的"为什么""怎么办"的生活对话，重"立论"轻"论证"、重"论点"轻"论据"，自说自话、脱离生活、脱离学生，高校思想政治教育常常处在"空转"状态；在评价上，主要以考试为基本形式，以书本知识为基本内容，以考试分数为基本结论，缺乏对学生现实表现的整体考察，缺乏对学生思想政治素质的综合评价，知情分离、知信分离、知行分离，高校思想政治教育常常处在"失灵"状态。一言以蔽之，高校思想政治教育长期偏重强调意义教育，相对忽略生活教育，在融入大学生日常生活、走进大学生精神世界、引导大学生成长成才方面仍然还有很大改进空间。

价值与方法是内在联系、有机统一的，价值选择决定方法选择，有什么样的价值选择必然就有什么样的方法选择。高校思想政治教育在价值层面上偏重教师主导，必然带来在方法层面上偏重意义教育。在高校思想政治教育实践中，高校思想政治教育者居于主导地位，从"利我""为我"出发，往往倾向于避难就易、避重就轻，选择照本宣科讲教材、按部就班搞活动，回避回应现实社会问题、解答学生思想困惑，因为前者相对比较容易，"一份讲义反复讲，一项活动来回搞"，相反，现实社会问题因时而变、应时而动，学生思想困惑千人万面、千差万别，做好回应、引导需要投入倍数量级的时间、精力，需要更为丰富的知识储备和社会阅历。而实际上，对于回应现实社会问题、解答学生思想困惑，大多数高校思想政治教育者不是"不想讲"，而是"不会讲""不敢讲""讲不好"，由于缺乏以生活为素材的教育教学资源支持，没有能力讲、没有条件讲、没有底气讲，最后只得选择照本宣科、空谈道理，讲正确的废话，讲漂亮的空话。高校思想政治教育在方法层面上偏向意义教育，根子就是在价值层面上偏向教师主导，学生发言权、选择权、评价权不够，由此导致"学生所惑的"与"教师所释的"、"学生想听的"与"教师所讲的"

总是不在同一话语势位、同一话语频道，高校思想政治教育"空转"问题十分突出。

尤为关键的是，在评价机制上，高校主要是以教学工作量、科研工作量、举办活动量等量化数据指标作为评价标准，缺失对学生学习成效、思想成长及全面发展的考查，缺失学生对高校思想政治教育者育人态度、育人水平、育人质量的评价反馈。评价机制"指挥棒"的偏差，一方面加剧了高校思想政治教育者重"传道"轻"解惑"、重"科研"轻"教学"、重"形式"轻"效果"，在转换教育方法、提高教育质量方面陷入"集体沉默"；另一方面也屏蔽了学生的需要、学生的评价、学生的反馈，消解了从需求方倒逼高校思想政治教育回归实际、回归生活、回归学生的有效扭力。特别是在高校网络思想政治教育中，在培养"校园好网民"工作中，在校园网络文化建设中，"有的同志认为事不关己，所以高高挂起；有的同志认为写了不算成果，说了不算成绩，所以不想写，不愿说"，存在着动力源不足、动力机制不健全的问题①。意义教育理念下的高校思想政治教育实践，脱离现实社会生活，脱离现实校园生活，脱离学生实际问题，陷入"一味追求遗忘人的主体性和有限性的圣人教育模式"②，陷入乌托邦式的理想主义模式，而忽略人对客观世界认识的有限性和反作用于客观世界的主观能动性，学生普遍感到"大道理太多，空洞又抽象，离青年人生活太远"，不感冒、不买账，既内化不进去，又外化不出来。由此导致高校思想政治理论课成为"最难讲

---

① 冯刚. 思想政治教育创新发展的四个着力点 [J]. 教学与研究，2017，（1）：28.

② 韩锦标，张元. 高校网络思想政治教育生活化研究 [J]. 江苏高教，2016，（5）：117.

的课程"，高校思想政治活动成为"最难搞的活动"，高校思想政治主题网站成为"最难办的网站"，高校思想政治教育成为"最难做的工作"。

二　高校网络思想政治教育生活教育理念的强调与彰显

理论是"灰色"的，唯有融入生活才能长青。生活教育有其深厚的哲学思想底蕴与坚实的教育理念根基。在哲学视域下，马克思主义经典作家将生活作为其哲学的全部源泉和唯一基础，鲜明地指出："不是意识决定生活，而是生活决定意识"①，"无论思想或语言都不能独自组成特殊的王国，它们只是现实生活的表现"②。这是具有鲜明人学旨归的马克思主义生活世界观。在教育视域下，陶行知提出"生活即教育"理念，杜威提出"教育即生活"理念，中外两位教育大家不谋而合地强调：生活是教育的中心，是教育的起点和归宿，教育必须结合生活、融入生活，教育过程与生活过程是一致的、密不可分的。

所谓生活，"是人在一定的社会历史条件下，通过与环境的相互作用，满足需要、创造意义的活动过程"③。生活世界是人建构意义世界的现实场景，人的思想政治品德一定是在生活中形成、体现和得到检验，并在生活中调整、发展和趋于稳定；思想政治教育一定要从生活中来，到生活中去，与生活交汇、融通、合而为一。相反，"把马克思主义同它在现实生活中的生动发展割裂开来、对立起来，没有出路"④。特别是在当今互联网"用户

---

① 马克思恩格斯选集（第1卷）[M].北京：人民出版社，1995：73.
② 马克思恩格斯全集（第3卷）[M].北京：人民出版社，1960：525.
③ 胡凯.思想政治教育生活化研究[D].复旦大学博士学位论文，2007：34.
④ 江泽民选集（第2卷）[M].北京：人民出版社，2006：12.

主权"时代，学生的主体地位得以确认、主体意识得以激活、主体精神得以彰显，高校思想政治教育片面偏重理论教育、意义教育，已然难以真正抓住学生、说服学生、打动学生、赢得学生——高校思想政治教育未予回应的现实问题、思想困惑，学生会到网上搜索信息、寻找答案，高校思想政治教育未予满足的平等对话、交流互动，学生会到网上开贴讨论、表达意见。学生的互联网迁徙与互联网生存，直接催动了高校网络思想政治教育的诞生，直接规定着高校网络思想政治教育的特性，并吁求着高校网络思想政治教育自觉推进方法理念发展，在深化意义教育中更加注重突出生活教育。

（一）回应现实社会生活

在互联网时代，"人人都有麦克风""人人都是自媒体"，每个网民都能随时随地发表意见、表达诉求，互联网已然成为社会问题的"集散地"、负面情绪的"放大器"。当前中国正处在经济转型期、改革攻坚期、社会矛盾凸显期，在网络上，各种社会问题集中呈现、相互叠加，各种吐槽拍砖层出不穷、博人眼球，对学生思想观念的影响点多面广，对学生心理情绪的干扰不容小觑。互联网是现实生活的一面镜子，"网络受众的思想形成不是纯主观的，起决定作用的是客观物质的东西，即客观现实社会和虚拟社会"。[①] 面对网络上的问题交叠、众声喧哗，高校网络思想政治教育仅凭"空对空"地喊口号、唱高调、讲大道理已经难以真正掌握学生、说服学生、收到效果，相反，部分僵化的高校网

---

① 姜国峰. 网络思想政治教育理想模式的构建研究 [M]. 昆明：云南大学出版社，2009：94.

络思想政治教育模式因明显标签化、过度政治化成为"低级红"，导致学生条件反射式的反感与排斥，甚至部分高校网络思想政治教育实践在行政体系的过度干预下沦为"高级黑"，把学生直接推向了教育的对立面。在互联网时代，面对此起彼伏、浪奔浪涌的网络舆论，唯有直面现实社会生活，用事实说话、用数据说话，方能真正打动学生、影响学生，得到学生理智上的认可、情感上的共鸣。比如，近几年来，网上关于爱国主义的讨论争执不休，历史虚无主义、民粹主义、激进民族主义等社会思潮粉墨登场、混淆视听，"我为什么爱国"这个问题成为争论的焦点，然而 2015 年以来这一问题在网络上瞬间翻转呈现了"一边倒"的态势，缘起于以现实中国为题材的一系列响亮发声，比如 2015 年《人民日报》文章《也门撤侨，祖国永远是靠山》、2017 年人民日报微博《有一种速度，叫中国撤侨！有一种自豪，叫祖国带我回家!》、2017 年问鼎电影票房冠军国产大片《战狼 2》以及 2018 年中央电视台纪录片《厉害了我的国》，一次次点燃了公众的爱国热情，激发了公众的国家自信心、民族自豪感，"我为什么爱国"不再是问题，"我有什么理由不爱国"才成了问题。这即要求，高校网络思想政治教育主动直面现实社会生活，精准回应现实社会问题，从"空对空"转向"地对地"，从"讲大道理"转向"讲大实话"，接地气，聚人气，提心气，在回应社会现实问题中找到教育的切入点和催化剂，进而引导学生学会从客观的立场看待社会问题，用正确的方法分析社会问题，以积极的态度应对社会问题，引导学生正确认识世界和中国发展大势、正确认识中国特色和国际比较、正确认识时代责任和历史使命、正确认识远大抱负和脚踏实地，在网络上的噪声、杂音中做出正确的价值判断、价值选择。

（二）融合现实校园生活

马克思主义经典作家指出：从"现实生活关系"出发的方法"是唯一的唯物主义的方法，因而也是唯一科学的方法"①，强调"我们不是到犹太教里去寻找犹太人的秘密，而是到现实的犹太人里去寻找犹太教的秘密"②。高校网络思想政治教育以在校大学生为主要目标对象，这便决定了高校网络思想政治教育具有区别于社会层面上的宣传思想工作的特定指向——现实校园生活。这即要求，高校网络思想政治教育既要注重回应现实社会生活，更要注重融合现实校园生活，把现实校园生活作为重要教育场景，融入学校办学治校、教育教学、人才培养各环节，融入学生学习科研、日常生活、管理服务各方面，坚持"从学生中来，到学生中去"的群众观点，坚持"网上问题网下看，网上问题网下办"的工作策略，回应学生具体利益关切，满足学生具体利益诉求，凸显人文关怀与主体关照，建立教育与生活的价值关联，联通教育与生活的闭合回路，最终实现高校网络思想政治教育与学生网络生活融为一体，化于无形却又无处不在，内化于心而又外化于行，进而实现高校网络思想政治教育从"空对空"到"空对地"的转向换挡，更好地满足大学生的成长发展需要。对于现实校园议题，高校网络思想政治教育反应迟钝抑或怯于发声，无异于放弃议题设置、舆论引导的主导权和管理权。与此同时，互联网为高校网络思想政治教育提供了观察、分析、融入、引导学生生活的现实可能，"借助人与网的紧密相关性，高校网络思想政治教

---

① 马克思恩格斯选集（第23卷）[M]．北京：人民出版社，1972：410．
② 马克思恩格斯选集（第1卷）[M]．北京：人民出版社，2009：49．

育的进程和触角可以轻易融入受教育者的日常生活，使得高校思想政治教育的渗透性、融合性大为增强，实现网络与生活相随、教育与生活相伴。受教育者在某个不特定的场合、某个无意识的瞬间，可以很便利地接触高校网络思想政治教育并深受其影响。这就使高校思想政治教育在某种程度上摆脱了需要特定场合、特定时间、特定对象的限定，使教育向生活空间延伸，向生活熏陶转化"。① 2016 年 12 月，中共中央、国务院《关于加强和改进新形势下高校思想政治工作的意见》明确提出"把思想价值引领贯穿教育教学全过程和各环节，形成教书育人、科研育人、实践育人、管理育人、服务育人、文化育人、组织育人长效机制"②。2017 年 12 月，教育部党组《高校思想政治工作质量提升工程实施纲要》具体部署课程育人、科研育人、实践育人、文化育人、网络育人、心理育人、管理育人、服务育人、资助育人、组织育人"十大育人体系"③。这为新时代高校思想政治教育（包括高校网络思想政治教育）融入生活世界、建构生活模式、指导日常生活提供了根本遵循和实施路径。

（三）建构生活话语体系

"话语是思想的直接现实"④，"是语言和思想的结合体"，"思想是话语的内容、本质，话语是思想的形式、表现"⑤。思想

---

① 崔家生．网络思想政治教育研究［M］．济南：山东画报出版社，2016：28.
② 中共中央　国务院印发《关于加强和改进新形势下高校思想政治工作的意见》［N］．人民日报，2017 – 02 – 28（1）.
③ 中共教育部党组关于印发《高校思想政治工作质量提升工程实施纲要》的通知（教党〔2017〕62 号）［Z］．2017 – 12 – 04.
④ 马克思恩格斯全集（第 3 卷）［M］．北京：人民出版社，1960：525.
⑤ 张国祚．中国话语体系应如何打造［N］．人民日报，2012 – 07 – 11（7）.

政治教育以话语体系为其工具、媒介、载体，思想政治教育过程就其本质而言就是思想政治教育者与其对象间的话语过程。当前，互联网以其开放性、交互性、平等性，为学生提供了话语选择、话语表达的新空间、新内容、新方式。然而，高校网络思想政治教育话语体系与互联网传播规律、大学生接受规律尚不匹配，面临着话语内容"曲高和寡"，话语方式"自言自语"，话语关系"话不投机"，话语场域"人去楼空"四个方面突出问题，面临着日趋"式微"甚至"失灵"的严峻风险和现实挑战。这即要求，高校网络思想政治教育加快建构生活话语体系。一方面，坚持"最高限度的马克思主义 = 最高限度的通俗和简单明了"①，从生活破题，以生活立论，用生活论证，充分考虑学生的互联网思维方式、互联网行为方式、互联网话语习惯、互联网心理体验，杜绝"高大上"，防止"生冷硬"，以紧扣生活现实的话语内容、富有生活气息的话语形式吸引学生、打动学生，使得高校网络思想政治教育真正可感、可知、可践。另一方面，从学生体验出发，高校网络思想政治教育还要会讲新言新语、网言网语，会讲简单、有趣、接地气、小清新的话，把大道理融入小故事中，把"有意义"的事讲得"有意思"，让人愿意看，看得进，看得轻松，看得有所收获，在"讲故事"中把"道"讲明，把"理"讲透，把"事"讲清，通过碎片化的故事将思想观念一点点不断地渗透到学生的脑海中。与此同时，高校网络思想政治教育应当更加注重尊重学生主体地位，更加注重引导学生参与讨论，遵循"提出问题—分析问题—解决问题"的路径，基于有效的论据，

---

① 高长武. 最高限度的通俗和简单明了——列宁倡导的党的思想理论工作的一个重要原则 [N]. 党的文献，2008，(05)：92.

通过对话与讨论，引导学生自我思考、自我觉悟、自我建构，进而完成自我内化与自我外化。

第三节　治理理念：在强化体系驱动中突出平台驱动

高校网络思想政治教育治理理念，是高校网络思想政治教育的组织论，集中反映高校网络思想政治教育的组织原则、治理模式。高校网络思想政治教育价值理念在坚持教师主导中更加注重突出学生主体，方法理念在深化意义教育中更加注重突出生活教育，要求高校网络思想政治教育治理理念应在强化体系驱动中更加注重突出平台驱动。

一　高校思想政治教育体系驱动理念的现况与审思

当前，高校思想政治教育主要依托专职队伍、专属渠道、专门资源进行，高校思想政治教育体系成为驱动高校思想政治教育发展的核心力量甚至唯一力量。一方面，体系驱动实现了思想政治教育在高校的快速建立和创新发展，为高校落实立德树人根本任务、培养德智体美劳全面发展的社会主义建设者和接班人提供了政治保证、组织保证；另一方面，高校思想政治教育过于依赖体系驱动，吸纳运用体系外的力量、渠道和资源意识不强、效果不彰，构建全员全过程全方位育人体系常常处在"有思路没出路""有想法没办法"的困境之中。具体表现为：在工作力量上，高校思想政治教育管理者往往偏重重视党团干部、思政教师、辅导员等高校思想政治教育专职队伍建设，对于调动专业教师、管理人员、服务人员等积极性共同开展高校思想政治教育重视不够、措施不力，全员育人要求难以落实，高校思想政治教育陷入"孤军作战"的境地；在工作渠道上，高校思想政治教育管理者往往偏重重视"主渠道""主阵地"两大高校思想政治教育专属渠道建设，高校思想政治教育在空间上相对狭窄，在时间上相对有限，未能有效覆盖学生成长过程，全过程育人要求难以落实，高校思想政治教育陷入"单丝不线"的境地；在工作资源上，高校思想政治教育管理者往往偏重思政课程、思政活动、思政网站等高校思想政治教育专门资源建设，先进人物、公共媒体、实践基地、文化设施等高校思想政治教育社会资源作用未能得到充分发挥，全方位育人要求难以落实，高校思想政治教育陷入"独木难支"的境地。一言以蔽之，在单一依赖体系驱动的治理理念下，高校思想政治教育在整体上自成一体、较为封闭，力量联合不够、渠道融合不够、资源整合不够，难以全面支撑全员全过程全方位高校思想政治教育育人体系构建。

马克思主义认为，上层建筑包括政治上层建筑（国家机器）和思想上层建筑（意识形态），政治上层建筑在一定的思想上层建筑的指导下建立，同时必然全面维护作为其基础的思想上层建筑。我们党有着重视思想政治工作的优良传统和政治优势，从革命战争时期强调的"政治工作，是革命军队的生命线"[1]，到新中国建设时期强调的"政治工作是一切经济工作的生命线"[2]，到改革开放后强调的"思想政治工作是经济工作和其他一切工作的生

---

[1] 建党以来重要文献选编（第16册）[M].北京：中央文献出版社，2011：268.

[2] 毛泽东文集（第6卷）[M].北京：人民出版社，1999：449.

命线"①，再到进入新时代以来强调的"经济建设是党的中心工作，意识形态工作是党的一项极端重要的工作"②，我们党始终把思想政治工作摆在特殊重要位置，不断加强和改进思想政治工作，宣传、巩固和发展社会主义意识形态。在高校中，"高校思想政治工作关系高校培养什么样的人、如何培养人以及为谁培养人这个根本问题"③，我们党一贯高度重视高校思想政治教育，着力推动高校思想政治教育体系建设，从 1952 年开设"两课"到 1953 年设立辅导员制度，从 2004 年颁布中发 16 号文件到 2016 年颁布中发 31 号文件，在高校中迅速建立起了思想政治理论教育体系和日常思想政治教育体系两大体系，迅速完成了高校思想政治教育"从无到有""从点到线""从弱到强"的历史跨越。在高校思想政治教育体系建设过程中，一个鲜明特征就是主要依靠党和国家力量自上而下推动，由此高校思想政治教育体系驱动理念逐步形成、不断强化。

60 余年来，高校思想政治理论教育体系和日常思想政治教育体系在传播马克思主义科学理论、培育和践行社会主义核心价值观、促进高校和谐稳定以及培育优良校风学风等方面起到了不可替代的重要作用。然而，在高校 60 余年的思想政治教育实践中，高校思想政治教育不断地被窄化为高校思想政治理论教育主渠道和高校日常思想政治教育主阵地，其他教育力量、渠道、资源被

---

① 江泽民文选（第 3 卷）[M].北京：人民出版社，2006：74.

② 中办 国办印发《意见》加强和改进新形势下高校宣传思想工作 [N].人民日报，2015 - 01 - 20（1）.

③ 习近平在全国高校思想政治工作会议上强调 把思想政治工作贯穿教育教学全过程开创我国高等教育事业发展新局面 [N].人民日报，2016 - 12 - 09（1）.

搁置于体系之外。高校思想政治教育偏重强调政治性、思想性、育人性、理论性，而忽略了高校思想政治教育本来即是一项实践性的工作，教育色彩、理论色彩、形而上色彩愈发浓厚，生活色彩、实践色彩、形而下色彩愈发淡薄。在体系驱动理念下，高校思想政治教育从"所有人的工作"弱化为"部分人的工作"，从"全局性的工作"弱化为"局部性的工作"，从"经常性的工作"弱化为"阶段性的工作"，从"中心性的工作"弱化为"辅助性的工作"。由此导致，高校思想政治教育在教育力量上"孤军作战"，在教育渠道上"单丝不线"，在教育资源上"独木难支"。与此同时，高校思想政治教育体系驱动治理理念，直接强化了教师主导价值理念和意义教育方法理念，高校思想政治教育唯有转换治理理念方能实现价值理念和方法理念的真正转换。

二　高校网络思想政治教育平台驱动理念的新启与发展

体系驱动理念是高校思想政治教育初创伊始的必然选择，其为高校思想政治教育建立发展提供了宝贵的"初速度"。当今，随着高校思想政治教育的纵深发展，特别是随着高校网络思想政治教育的兴起，体系驱动理念的封闭问题日益凸显，已经难以完全适应"全员全过程全方位育人"要求，已经难以完全适应以开放为鲜明特征的时代潮流。这即要求，高校思想政治教育主动运用平台思维，主动转换治理理念，主动建构平台模式，主动重建驱动机制，更加注重开放、更加注重联动、更加注重协同，吸纳更多力量、开辟更多渠道、聚集更多资源，构建吸纳多方主体、聚集多方资源的高校思想政治教育平台，以此为高校思想政治教育创新发展提供丰沛的"加速度"。在此治理理念转换过程中，高校网络思想政治教育应当以其先天禀赋的开放基因、开放资源和开放机制，一马当先，先行先试，主动推进治理理念发展，在强化体系驱动中更加注重突出平台驱动。

（一）构建"平台化"模式

"政治路线确定之后，干部就是决定因素。"[①] 高校网络思想政治教育到底应当靠谁来做，这是首先需要回答的一个问题。毋庸置疑，包括党团干部、思政教师、辅导员在内的高校思想政治教育者是高校网络思想政治教育的天然主体，承担着高校网络思想政治教育组织者、实施者和指导者的角色，此为专业所长，亦为职责所在。但是，高校网络思想政治教育主体绝非仅仅限于高校思想政治教育者。一方面，高校思想政治教育者人数有限"干不了"，高校一般按照师生比 1∶100 标准配置思想政治工作人员[②]，概算在 30 万~40 万人，置于互联网上可谓沧海一粟，"浑身是铁能打几颗钉"？单凭一己之力根本无法包办高校网络思想政治教育；另一方面，高校思想政治教育者能力有限"干不好"，限于知识背景、社会阅历、资源占有，对于互联网上的各类问题特别是现实社会问题难以给出全面、深入的解答，亟待引入相关体系外力量提供相应辅助支持，正面回应现实社会问题，有效引导网络舆情热点。这即要求，高校网络思想政治教育必须主动推进工作主体延伸，从围墙之内走向围墙之外，从体系之内走向体系之外，既要注重"目光向内"，加强工作体系建设，又要注重"目光向外"，主动借势借智借力，调集专家学者、先进人物、党

---

① 毛泽东选集（第 2 卷）［M］．北京：人民出版社，1991：526.

② 中共教育部党组关于印发《普通高等学校学生党建工作标准》的通知（教党〔2017〕8 号）［Z］．2017 – 02 – 28.

政官员、产业精英、传媒记者、"自干五"等高校思想政治教育社会资源，建构高校网络思想政治教育全过程联动机制和全方位支持系统，形成高校网络思想政治教育"大思政"格局，进而更好地对接学生的现实生活、满足学生的发展需要、提升学生的学习体验。互联网作为一个开放性的拓扑结构，使得高校网络思想政治教育主体延伸成为现实可能。

（二）构建"平台型"组织

在当今互联网时代，平台思维备受推崇，平台模式蔚为盛行，平台企业独领风骚，比如百度基于搜索、阿里巴巴基于电商、腾讯基于社交，各自建立起了汇聚优质资源的互联网平台，成功的要诀即在于阿米巴式组织——组织的每一单元都是一个"自营体"，组织的每一个人都是自己的"CEO"，进而极大地激发起组织成员的积极性和创造性，积小流以成大海，积跬步以至千里。相比较而言，体系驱动理念下的高校思想政治教育过于强调自上而下，过于强调过程控制，过于强调标准规范，思政课程按照统编教材进行，思政活动按照上级文件安排，网络推文按照规定选题采编——高校传统思想政治教育中央厨房式管理模式，虽然保证了"菜品"的标准化，但也限制了"菜品"的多样化，抑制了一线高校思想政治教育者的创造活力和创新动力，难以全面及时地满足学生的发展需要和体验需要。特别是在高校网络思想政治教育中，"中央厨房"生产的"菜品"常常因其"不合口味"，问津者鲜，食之者寡，高校网络思想政治教育"红文不红""红网不红"问题长期难以得到解决。这即要求，高校网络思想政治教育应主动调整中央厨房式组织模式，建立阿米巴式组织模式，将高校网络思想政治教育化大为小、化整为零，引导组建若于"小而精""自组织"的工作单元，各个工作单元独立创意、独立设计、独立运行，培育一批网络名师，开办一批名站名栏，打造一批"精神共同体""目标共同体""责任共同体"，进而形成具有澎湃内生动力的高校网络思想政治教育"生态圈"，展现高校网络思想政治教育的独特魅力①，推出有意义、有意思的高校网络思想政治教育作品和作品系列，形成高校网络思想政治教育活水涌动、活力迸发的生动局面。近几年来所出现的"南航徐川现象""思政工作室"现象，即是高校网络思想政治教育"平台型"组织建设的有益尝试，值得认真总结、逐步推广。

---

① 冯刚．互联网思维与思想政治教育创新发展［J］．学校党建与思想教育，2018，(2)：8．

第五章

基于用户思维的高校网络思想政治教育作品开发

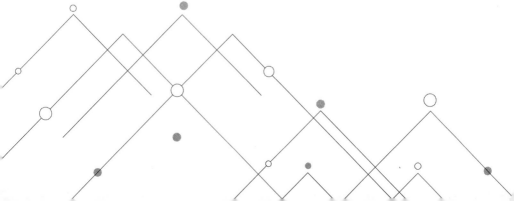

　　从互联网思维视角审视，在 20 多年高校网络思想政治教育研究与实践中，彰显互联网思维的观点和做法有之，无视互联网思维的观点和做法有之，甚至背离互联网思维的观点和做法亦有之——无论是自觉的抑或是不自觉的。前三者，在实践层面上，彰显之者有声有色，无视之者不冷不热，背离之者南辕北辙，可谓高下立判、优劣自断、正误昭然。然而，在理论层面上，基于互联网思维创新发展高校网络思想政治教育的研究，仍自觉不够、深入不够、系统不够，亟待全面加强、重点攻关、科学建构，以为高校网络思想政治教育实践创新发展提供认识上的指引和理论上的指导。从高校网络思想政治教育实践看，关键环节主要包括"作品好"（内容）、"传播好"（渠道）、"生态好"（体制机制）三个方面。本章首先从"用户思维"与"高校网络思想政治教育作品开发"切入，集中讨论高校网络思想政治教育作品的本质属性以及高校网络思想政治教育作品开发的需要导向、话语转换等问题。

第一节　高校网络思想政治教育
作品的本质属性

　　在高校网络思想政治教育中，作品具有特殊重要的意义。中共中央办公厅、国务院办公厅《关于进一步加强和改进新形势下高校宣传思想工作的意见》（中办发〔2014〕59 号）强调指出："探索建立优秀网络文章在科研成果统计、职务职称评聘方面的认定机制。"① 教育部、中组部、中宣部、中央网信办等八部门《关于加快构建高校思想政治工作体系的意见》（教思政〔2020〕1 号）明确提出："引导和扶持师生积极创作导向正确、内容生动、形式多样的网络文化产品。"② 那么，何谓高校网络思想政治教育作品？笔者认为，高校网络思想政治教育作品是互联网思维在高校网络思想政治教育中的实体化呈现，是指高校网络思想政治教育主体以青年大学生为主要对象，"基于网络新媒体技术和平台进行创作和传播，能够承载思想政治教育内容并服务于思想政治教育目的的物质实体和文化形式"③。就其本质属性而言，从内部看高校网络思想政治教育作品是高校网络思想政治教育的资源载体，从外部看高校网络思想政治教育作品是高校宣传思想工作模式的延伸运用。

一 高校网络思想政治教育的资源载体

高校思想政治教育基本要素包括教育主体、教育客体、教育载体、教育环体。其中，教育载体作为"在实施高校思想政治教育的过程中，能够承载和传递高校思想政治教育的内容，能为高

---

① 中办国办印发《意见》加强和改进新形势下高校宣传思想工作 ［N］. 人民日报，2015－01－20（1）.

② 教育部 中组部 中宣部 中央政法委 中央网信办 财政部 人力资源和社会保障部 共青团中央关于加快构建高校思想政治工作体系的意见（教思政〔2020〕1 号）［Z］. 2020－04－22.

③ 许建萍. 高校思想政治教育网络文创产品优化策略 ［J］. 传媒，2018，（5 下）：91.

校思想政治教育主体所运用，促使高校思想政治教育主客体之间相互作用的一种活动形式或物质实体"①，是高校思想政治教育过程中最为基础、最为关键、最为积极、最为活跃的因素，直接影响和制约着高校思想政治教育的内容传递、过程组织、主客互动、质量实效，在高校思想政治教育过程中具有特殊重要的地位。在高校网络思想政治教育中，高校网络思想政治教育载体可以分为三个层次。一是宏观层次：互联网是高校网络思想政治教育的空间载体，提供了承载和传递高校网络思想政治教育内容的虚拟空间；二是中观层次：学生互动社区、主题教育网站、专业学术网站、"两微一端"等，是高校网络思想政治教育的平台载体，提供了承载和传递高校网络思想政治教育内容的网络平台；三是微观层次：高校网络思想政治教育作品是高校网络思想政治教育的资源载体，提供了承载和传递高校网络思想政治教育内容的信息资源。

在高校网络思想政治教育三个层次载体结构中，高校网络思想政治教育作品作为最小单元、最远终端，直接承载着高校网络思想政治教育的内容信息，直接提供着高校网络思想政治教育平台运行、空间优化的基础资源，直接决定着高校网络思想政治教育的针对性、亲和力和实效性，在高校网络思想政治教育载体建设中具有基础性、前提性意义——缺失教育资源，教育平台无以成为教育平台；缺失教育资源，网络空间无以成为精神家园；缺失教育资源，高校网络思想政治教育就将成为无源之水、无本之木。特别是在当前高校网络思想政治教育平台搭建、清朗网络空

---

① 张耀灿，郑永廷，吴潜涛，骆郁廷．现代思想政治教育学［M］．北京：人民出版社，2006：392.

间营造已经取得阶段性、突破性进展的时代背景下，"加强互联网思想政治工作载体建设，运用大学生喜欢的表达方式开展思想政治教育"①，核心关键在于进一步推进高校网络思想政治教育载体建设重心下沉、末梢激活，进一步加强高校网络思想政治教育作品开发、资源供给，以资源载体建设支撑平台载体建设，以平台载体建设支撑空间载体建设，进而构建资源有吸引力、平台有影响力、空间有正能量的高校网络思想政治教育载体体系。

二 高校宣传思想工作模式的延伸运用

在高校思想政治理论教育中，重点是教师、教材、教学，载体主要是课堂；在高校日常思想政治教育中，重点是情况、情境、情理，载体主要是组织、实践、文化、科研、管理、服务等。在高校传统思想政治教育中，鲜见"作品"这一提法。"作品"概念一般用于宣传思想工作。譬如，1994 年 1 月，江泽民同志在全国宣传思想工作会议上提出新时期党的宣传思想工作的指导方针："以科学的理论武装人，以正确的舆论引导人，以高尚的精神塑造人，以优秀的作品鼓舞人。"② 2015 年 10 月，习近平总书记在文艺工作座谈会上强调"创作无愧于时代的优秀作品"，"通过更多有筋骨、有道德、有温度的文艺作品，书写和记录人民的伟大实践、时代的进步要求，彰显信仰之美、崇高之美，弘扬中国精神、凝聚中国力量"③。2018 年 8 月，习近平总书记在全国宣传思想工作会议上提出新时代党的宣传思想工作的使命任

---

① 中共中央　国务院印发《关于加强和改进新形势下高校思想政治工作的意见》［N］．人民日报，2017－02－28（1）．
② 江泽民．论党的建设［M］．北京：中央文献出版社，2001：125．
③ 习近平在文艺工作座谈会上的讲话［N］．人民日报，2015－10－15（2）．

务：举旗帜、聚民心、育新人、兴文化、展形象，特别强调"要推出更多健康优质的网络文艺作品"①。

　　思想政治工作是宣传思想工作的有机组成、重中之重。② 高校网络思想政治教育是高校思想政治教育的新分支，高校思想政治理论教育"主渠道"、高校日常思想政治教育"主阵地"、高校网络思想政治教育"主战场"共同构成了高校思想政治教育的"三驾马车"。从实际工作看，高校网络思想政治教育已然超出了高校传统思想政治教育的既设边界、既有模式、既定方法，具有自身的特点、特性、特色，在目标上凸显高校思想政治教育的教育性，在模式上突出高校宣传思想工作的宣传性。一方面，在互联网环境下，高校传统思想政治教育"基因"在高校网络思想政治教育中发生"改变"——教师权威难以预赋，教育场景难以预设，教育对象难以预定，教育效果难以预估，高校传统思想政治教育方法、模式在其互联网迁移中时常碰壁、难以为继，高校网络思想政治教育必须立足自身使命任务探索新方法、新模式；另一方面，在互联网环境下，高校宣传思想工作"基因"在高校网络思想政治教育中获得"遗传"——更加注重运用大众传播媒介进行传播，更加综合着力理论宣传、舆论引导、价值塑造、文化建设、形象传播，更加强调开发优秀高校网络思想政治教育作品，并将理想信念、价值理念、道德观念融入其中，潜移默化提升对象思想觉悟、道德水准、文明素养。

---

① 习近平在全国宣传思想工作会议上强调　举旗帜聚民心育新人兴文化展形象　更好完成新形势下宣传思想工作使命任务 ［N］. 人民日报，2018 - 08 - 23（1）.

② 江泽民总书记强调：加强和改进新形势下党的思想政治工作是宣传思想工作的重中之重 ［J］. 思想政治工作研究，2000，（2）：1.

进言之，高校网络思想政治教育作品，是高校思想政治教育模式与高校宣传思想工作宣传模式在互联网环境下对接融合的产物。

第二节　坚持高校网络思想政治教育作品 开发的需要导向

　　承载高校思想政治教育内容，服务高校思想政治教育目的，是高校网络思想政治教育作品的立身之本，是高校网络思想政治教育作品开发的题中之意。那么，高校网络思想政治教育作品应如何承载高校思想政治教育内容，服务高校思想政治教育目的？实践已经证明，将高校思想政治教育内容简单"搬"到网络上、"装"进作品中的做法是走不动、行不通的。在2019年中央政治局第十二次集体学习时，习近平总书记明确指出："在信息生产领域，也要进行供给侧结构性改革，通过理念、内容、形式、方法、手段等创新，使正面宣传质量和水平有一个明显提高。"[①]"高校思想政治教育的对象是现实的人、具体的人。对于有血有肉的个体而言，都会有成长成才、全面发展的合理诉求。"[②] 置身"用户至上"的互联网时代，遵循"以人民为中心"的价值原则，高校网络思想政治教育作品开发，应当凸显"用户思维"，深化"供给侧结构性改革"——坚持尊重学生主体，坚持以需要为导

---

① 习近平. 加快推动媒体融合发展　构建全媒体传播格局 [J]. 求是，2019，（6）：7.

② 冯刚. 探索思想政治教育发展的内生动力 [M]. 北京：人民出版社，2017：220.

向，将高校思想政治教育内容与学生成长发展需要有机融合，在满足学生成长发展需要中融渗高校思想政治教育内容，破解大学生日益增长的成长发展需要同不平衡不充分的高校思想政治教育内容供给间的矛盾，潜移默化传递理想信念、价值理念、道德观念，润物无声提升思想水平、政治觉悟、道德品质。

一　认识和把握大学生的全面需要

人的需要是人从事一切活动的基本的和最终的动因。所谓需要，"是指人在生理上或生活中感到某种欠缺而力求获得满足的一种心理状态，是人对满足自身生存和发展的物质资料和精神资料的一种欲求，是人对客观事物需求的反映"。① 马克思主义经典作家深刻地指出："在任何情况下，个人总是'从自己出发的'……他们的需要即他们的本性。"② "人以其需要的无限性和广泛性区别于其他一切动物。"③ 需要是人的本性，人的自然需要是"人的一般本性"，人的社会（性）需要是"历史地发生了变化的人的本性"④。"任何人如果不是同时为了自己的某种需要和为了需要的器官而做事，他就什么也不能做。"⑤ 人的需要从源头上构成了人的行为的动力基础和人的思想的发展根据，在现实中导引着人的实践的目标方向和人的精神的价值选择，于结果态呈现为人的自我实现的程度和人的自我超越的高度。大学生处在

---

① 林伯海．思想政治教育的人学取向［M］．北京：现代教育出版社，2015：169.
② 王磊．马克思恩格斯论道德［M］．北京：人民出版社，2011：160.
③ 马克思恩格斯全集（第49卷）［M］．北京：人民出版社，2000：52.
④ 马克思恩格斯全集（第5卷）［M］．北京：人民出版社，2009：704.
⑤ 马克思恩格斯全集（第3卷）［M］．北京：人民出版社，1960：286.

人生的"拔节孕穗期"这一重要而特殊的时期，他们的世界观、人生观、价值观尚未成熟，他们的专业路、职业路、人生路尚未定型，置身机遇与挑战并存的新环境，置身责任与使命共生的新时代，大学生有着各种各样现实具体的需要，有着成长成才全面发展的需要，涵盖物质需要、社会需要、精神需要、发展需要等各方面，涵盖眼前需要、长远需要、浅层需要、深层需要等各层次。各方面、各层次的需要相互关联、相互作用，错综交织成了大学生独特而复杂的"需要图谱"。

"人民历来就是什么样的作者'够资格'和什么样的作者'不够资格'的唯一判断者。"① "坚持以马克思主义为指导……核心要解决好为什么人的问题。"② 对于高校网络思想政治教育作品开发而言，准确把握大学生的"需要图谱"，切实满足大学生成长成才的需要，是高校网络思想政治教育"贴近实际、贴近生活、贴近学生""围绕学生、关照学生、服务学生"的内在要求，是高校网络思想政治教育作品开发的基本前提，直接关乎高校网络思想政治教育的针对性、亲和力、实效性。其一，从高校网络思想政治教育的个体价值看，高校网络思想政治教育作品对大学生需要的满足状况直接决定着其对于大学生的价值——"'价值'这个普遍的概念是从人们对待满足他们需要的外界物的关系中产生的"③，高校网络思想政治教育作品的个体价值生成于其对大学生的成长需要的满足关系，并在满足大学生的成长需要中获得大学生的真心认同；其二，从高校网络思想政治教育的社会价值

---

① 马克思恩格斯选集（第 1 卷）［M］．北京：人民出版社，1956：90.

② 习近平．在哲学社会科学工作座谈会上的讲话［N］．人民日报，2016 - 06 - 19（2）.

③ 马克思恩格斯全集（第 19 卷）［M］．北京：人民出版社，1963：406.

看，高校网络思想政治教育作品对大学生需要的满足状况同时决定着其教化功能的发挥和社会价值的实现，"思想政治教育个体价值是社会价值的基础，社会价值则是个体价值的延伸和验证"①，高校网络思想政治教育作品唯有在实现成人成才的个体价值的基础上方能实现立德树人的社会价值；其三，从高校网络思想政治教育内化外化看，高校网络思想政治教育的内化外化机制是归我的、内在的，是以主体需要为条件和动力的，把握大学生的主体需要，实现大学生的主体性在场，高校网络思想政治教育作品方能真正内化为大学生的思想意识、外化为大学生的自觉行动，高校网络思想政治教育作品的内化外化建基于其对大学生的成长需要的满足程度，并在满足大学生的成长需要中促进大学生的自觉践行。因此，高校网络思想政治教育作品开发要把准确把握大学生的全面需要作为第一前提，综合运用社会学、心理学、行为学等研究方法，科学、全面、深入、准确地把握大学生的物质需要与精神需要、个体需要与社会需要、基础需要与发展需要、显性需要与隐性需要、眼前需要与长远需要、一般需要与个性需要、浅层需要与深层需要、自发需要与自觉需要，科学准确勾勒绘成大学生的"需要图谱"，作为高校网络思想政治教育作品开发基础依据、基本靶向，确保高校网络思想政治教育作品开发精确制导、精准发力，实现高校网络思想政治教育作品开发有据可循、有的放矢。

二　引导和满足大学生的自发需要

如前所述，大学生的需要可以从多个层次上进行认识和把

---

① 张耀灿，郑永廷，吴潜涛，骆郁廷．现代思想政治教育学［M］．北京：人民出版社，2006：173.

握，而从思想政治教育视野来看，依据表征人的精神状态和行为状态的基础范畴——自发与自觉①，可将大学生的需要分为自发需要与自觉需要两个基本层次。所谓自发需要，是指大学生尚未（完全）认识和把握人的成长发展规律，缺乏明确的、稳定的、长远的目标追求，以"无机方式"表达的一种精神和行为状态。自发需要在大学生的需要结构中处于初级层次，表现为物质的需要、个体的需要、眼前的需要、具体的需要、现实的需要、基础的需要等。一方面，大学生的自发需要有其盲目性和局限性，比如过分追求物质利益、感官享受，过分讲究利己主义、实用主义，过分看重眼前好处、短期效益等，此类自发需要背离人的成长发展规律，必将宰制和妨害大学生的成长发展，应当通过教育引导予以抑制、纠正和克服；另一方面，大学生的自发需要也有其必要性和合理性，比如渴望友谊爱情、冀盼受到尊重、找寻归属感与存在感等，比如强调专业学习、追求荣誉奖励、讲求就业待遇等，此类自发需要虽然有的可能并不完全符合人的成长发展规律，但却提供了自发需要向自觉需要跃升的基础，正如列宁所指出的："'自发因素'实质上无非是自觉性的萌芽状态"②，应当通过教育引导予以响应、支持和满足，并在此基础上引导大学生逐步实现"自发需要递减与自觉需要递增"。没有对自发需要的满足，自觉需要是不可能陡然出现的。在高校思想政治教育中，一味漠视甚至压制大学生的自发需要，片面强调激发大学生的自觉需要，在逻辑上是不成立的，在实践中是不可行

---

① 骆郁廷.自发与自觉：思想政治教育的重要范畴［J］.思想教育研究，2007，(5)：9.

② 列宁选集（第1卷）［M］.北京：人民出版社，1995：317.

的，不但无法激发大学生的自觉需要，反而容易招致大学生的逆反心理。

恩格斯指出："就单个人来说，他的行动的一切动力，都一定要通过他的头脑，一定要转变为他的意志的动机，才能使他行动起来。"① 因此，高校网络思想政治教育作品开发，应当充分关注、科学看待、主动回应大学生的自发需要，既不能视而不见、听而不闻，也不能听之任之、放任自流。一方面，高校网络思想政治教育作品开发应当着力引导大学生克服盲目的自发需要。大学生盲目的自发需要，有其产生的自我因素，比如心智发展的阶段、知识背景的局限以及社会经验的匮乏等，也有其产生的社会因素，比如西方错误思潮的侵蚀、社会竞争压力的传导、不良社会风气的影响等。高校网络思想政治教育作品开发，应当主动瞄准大学生盲目的自发需要，以有理有据的利害分析，以有名有姓的案例阐读，一针见血点出要害，一语破的指出谬误，引导大学生正确区分"需要"与"欲望"、"真需要"与"伪需要"、"实需要"与"虚需要"，正确选择衡量需要满足状况的"参照系"，进而自觉主张合理需要，自觉抵制内心欲望，自觉实现需要的"去异化"②。高校网络思想政治教育作品开发，切忌一味迁就、迎合大学生盲目的自发需要。另一方面，高校网络思想政治教育作品开发应当切实帮助大学生满足合理的自发需要。大学生合理的自发需要，源于现实校园生活、现实社会环境以及个体发展规划、个体成才愿望。分析 20 世纪 80 年代以来大学生需要研究相

① 马克思恩格斯选集（第 4 卷）［M］. 北京：人民出版社，2012：258.
② 秦霞，叶海涛.《绝对需要》"相对需要"及其"去异化"——当代大学生人生价值诉求的反思［J］. 东南大学学报（哲学社会科学版），2010，（6）：130 – 133.

关文献可以发现，40 年来大学生需要结构总体相对比较稳定，处在优势需要位置的主要有求知的需要、成才的需要、人际交往的需要、休闲娱乐的需要、求职就业的需要等方面，一项长达 20 年的历时性调查显示，大学生的需要基本分为三类：成才需要（包括专业学习、追求真理、荣誉与自尊和道德修养等）、成长需要（包括充裕物质、艺术欣赏与娱乐、爱情、锻炼和友谊等）、服从需要（包括遵守纪律、劳动与卫生和师生感情等），按需要的优先级依次为荣誉与自尊、友谊、道德修养、专业学习、充裕物质、锻炼、爱情、追求真理、艺术欣赏与娱乐。① "一切群众的实际生活问题，都是我们应当注意的问题……满足了群众的需要……群众就会真正围绕在我们的周围，热烈地拥护我们。"② 高校网络思想政治教育作品开发应当坚持"围绕学生、关心学生、服务学生"，坚持"因事而化、因时而进、因势而新"，主动聚焦大学生合理的自发需要，帮助大学生"创造""获得"或者"占有"需要的满足对象，切实满足大学生合理的自发需要，进而为大学生自发需要向自觉需要跃升奠定基础。综合分析近几年来全国高校辅导员个人（工作室）微信公众号影响力指数排行榜以及热文排行榜可以发现，南航徐川、仍然在路上、陌上花开、发哥辅导员工作室、辅导员娘亲、蕴姐陪你写青春、高校辅导员联盟等有影响力的辅导员个人（工作室）微信公众号所推出的网络思想政治教育作品，如《千万别拿学校里的"套路"混社会》《美国会怎样》《许可馨告诉了大学生什么》《假如，你发现自己出现

---

① 孙宝志，景汇泉. 大学生需要理论的二十年追踪研究 [J]. 心理科学，2001，（5）：608－609.

② 毛泽东选集（第 1 卷）[M]. 北京：人民出版社，1991：137.

了抑郁情绪》《假装努力的人，都有这 6 种"症状"，你中招了吗?》《"准研究生"应不应当和导师联系》《如何不痛苦的早起》《三月三：中国最早的情人节》《疫情之下：先就业，再择业》等,[①] 紧密结合大学生现实生活，紧密契合大学生自发需要，在满足学生需要中受到了学生的关注、得到了学生的认同、走进了学生的心灵，实现了思想引导、心理疏导、行为范导的教育实效。与此同时，高校网络思想政治教育作品对大学生自发需要的满足，也将为高校网络思想政治教育平台带来铁杆粉丝、活跃流量，形成高校网络思想政治教育社会化传播的流量基础。

三　激发和唤醒大学生的自觉需要

相对于自发需要，所谓自觉需要，是指大学生清晰认识和把握人的成长发展规律，具有明确的、稳定的、长远的目标追求，以"有机方式"表达的一种精神和行为状态。自觉需要在大学生的需要结构中处于高级层次，表现为精神的需要、社会的需要、长远的需要、抽象的需要、理想的需要、发展的需要等。在自觉需要的驱动下，大学生往往在精神状态上表现出浓烈的兴趣、持久的热情、坚强的意志和高度的责任感，在行为状态上表现出正确的方向、清晰的路径、持续的付出和强大的抗挫力。就自发需要与自觉需要的关系而言，自觉需要不是对自发需要的绝对否定与绝对排斥，而是对自发需要的主动扬弃与主动超越，自发需要是自觉需要形成和发展的基础，没有自发因素的条件和基础，大学生就难以形成自觉需要的精神和行为状态；自觉需要是自发需要的升华与飞跃，没有自觉因素的提升和指导，自发因素就会对

---

① 参见"辅导员参谋"微信公众号.

大学生的精神和行为状态产生消极影响。① 大学生个体层面的自觉需要，就其核心本质而言，与社会需要是内在一致、辩证统一的。"教育实践表明，教育活动的启动和运行，是由以主体需要为核心的内在动力系统和以社会需要为核心的外在动力系统有机结合共同推动的。"②

在一定的物质条件基础和社会历史背景下，人的需要总是从初级层次向高级层次、从自发层次向自觉层次发展的，人的需要的发展水平决定着人的精神境界、行为准则。高校思想政治教育的根本立足点与核心着力点，即在于引导大学生自觉觉知自身需要状态、自觉超越自发需要层次，不断实现需要由必然王国向自由王国的跃进，不断实现需要的合目的性与合规律性的统一，不断实现自发需要通达自觉需要与自觉需要范导自发需要的双向互动，不断实现个体需要的社会化与社会需要的个体化两个过程的螺旋上升。马克思主义作为科学的世界观和方法论，"在揭示社会历史发展规律的同时，也揭示了人的需要和人的发展规律"③，是人们认识世界和改造世界的强大思想武器。因此，高校网络思想政治教育作品开发，不能仅仅滞留在引导、满足大学生的自发需要的层次上，应当坚持以马克思主义为指导，运用马克思主义的立场、观点、方法，开发优秀高校网络思想政治教育作品，建设优质高校网络思想政治教育资源，激发大学生对马克思主义科

① 骆郁廷. 自发与自觉：思想政治教育的重要范畴 [J]. 思想教育研究, 2007, (5)：9.

② 潘玉驹，廖传景. 大学生需要状况调查及对策研究 [J]. 中国青年研究, 2005, (3)：68.

③ 侯惠勤. 在社会主义核心价值观的概括上如何取得共识 [J]. 红旗文稿, 2012, (8)：13.

学理论、对社会主义核心价值观、对公民基本道德规范以及对立志担当民族复兴大任的自觉需要，引导大学生掌握科学的思想理论，树立正确的道德观念，涵养高尚的道德情操，形成坚强的意志品质。

一是加强优秀网络理论资源建设。高校网络思想政治教育作品开发，应当立根加强马克思主义理论教育，围绕学习宣传习近平新时代中国特色社会主义思想，围绕引导学生坚定"四个意识"，增强"四个自信"，明确"四个正确认识"，与高校思想政治理论课紧密衔接，遵循"八个统一"根本原则，结合"95后""00后"大学生特点、互联网传播特征，创作推出兼具思想性、理论性和亲和力、针对性的优秀网络理论作品，以透彻的学理分析回应学生，以彻底的思想理论说服学生，以真理的强大力量引导学生，① 引导大学生形成马克思主义的信仰体系和价值系统，补足"精神之钙"，激发大学生成长成才的强大内生动力。比如，人民日报客户端在党的十九大召开一周年之际推出《思维导图——习近平新时代中国特色社会主义思想学习导读》，以思维导图的形式导读习近平新时代中国特色社会主义思想；中宣部、教育部编写制作《习近平新时代中国特色社会主义思想三十讲》课件，在人民网、新华网、求是网、中国文明网及教育部网站发布并提供下载；西南交通大学以大学生为对象、以短视频为形式，创作推出《习语青声》短视频系列，解读、宣传习近平新时代中国特色社会主义思想。

----

① 习近平主持召开学校思想政治理论课教师座谈会 强调用新时代中国特色社会主义思想铸魂育人 贯彻党的教育方针落实立德树人根本任务 [N]. 旗帜，2019 – 03 – 19（1）.

二是加强优秀网络文化资源建设。高校网络思想政治教育作品开发，应当从文化育人入手，遵循教育规律、学生成长规律和网络传播规律，从优秀传统文化、革命文化、社会主义先进文化以及大学文化中挖掘富有育人内涵、符合青年特点、适合网络传播的内容，进行二次开发和网络化创作，创作推出兼具文化性、价值性和影响力、感染力的优秀网络文化作品，弘扬中华文化，传承中国精神，培育健康网络环境，营造清朗网络空间，充分发挥文化的熏陶、教化、激励作用和凝聚、润滑、整合功能，着力涵养大学生的文化底蕴、文化内涵、文化素养，用健康向上的优秀网络文化作品陶冶情操、启迪心智、引领风尚，①厚植大学生成长成才的文化土壤。比如，2015 年以来，在教育部、中央网信办的指导和推动下，全国高校广泛组织开展"大学生网络文化节"活动，催生了以《清华人的十年汶川记忆》（清华大学）、《马克思主义给予我家乡的三种颜色——生态绿、教育蓝、扶贫红》（厦门大学）、《时代变迁的折射镜——致敬改革开放四十周年》（南京师范大学）、《传承中华优秀传统文化——绣娘》（昆明医科大学）、《"互联网＋"时代的乡村振兴》（同济大学）、《八一特辑·军魂不朽》（陕西师范大学）、《德宏傣族剪纸》（玉溪师范学院）等为代表的一大批优秀校园网络文化作品，丰富了网络文化内容供给，提升了高校网络文化建设质量和水平，为大学生全面发展提供了"更基本、更深沉、更持久的力量"②。

---

① 习近平在全国宣传思想工作会议上强调 举旗帜聚民心育新人兴文化展形象更好完成新形势下宣传思想工作使命任务［N］. 人民日报，2018－08－23（1）.

② 决胜全面建成小康社会 夺取新时代中国特色社会主义伟大胜利——在中国共产党第十九次全国代表大会上的报告［N］. 人民日报，2017－10－28（1）.

　　三是加强优秀网络宣传资源建设。高校网络思想政治教育作品开发，应当紧扣大学生关心的热点议题、重要事件及时推送第一手权威信息，综合提供全视角分析阐读，创作推出兼具正能量、主旋律和批判性、战斗性的优秀网络宣传作品，原原本本呈现事实、取信于人，有理有据深度解读、以理服人，旗帜鲜明阐明观点、引导舆论，理直气壮批驳谬误、正本清源，进而"同大学生所看到、所经历的社会发展实际相联系，让大学生在感知的基础上理解，在理解的基础上认同，在认同的基础上接受，在接受的基础上成为自己的信仰"①，不断增强大学生运用马克思主义的立场、观点、方法分析问题、解决问题的能力，使得东风压倒西风、正气压过邪气、正能量压制负能量。比如，在 2020 年全球新冠疫情中，不少西方国家纷纷上演"甩锅中国"的闹剧，大肆抹黑中国，甚至向中国提出巨额赔偿，对此，春秋发展战略研究院研究员郑若麟在观察者网上撰文《再不重建抗疫历史真相，西方会更"理直气壮"指着我们骂》② 一针见血尖锐警示。而现实中，面对美国等西方国家"甩锅中国"，《人民日报》连发七篇文章③予以驳斥，然而高校在此方面研究还不够深入，发声还不够响亮，即便在官方微博、官方微信公众号上简单转载、评论《人民日报》系列文章的高校亦并不多，可见，高校在建设优秀

---

① 冯刚.增强高校思想政治工作的文化力量［J］.思想理论教育，2017，（7）：5.
② 郑若麟.再不重建抗疫历史真相，西方会更"理直气壮"指着我们骂［EB/OL］.观察者网，https://www.guancha.cn/ZhengRuoZuo/2020_04_25_548192.shtml.
③ 钟声.造谣中伤"中国抗疫"有悖国际正义（系列之一、二、三、四、五、六、七）［N］.人民日报，2020－05－01（3），2020－05－02（3），2020－05－03（3），2020－05－04（3），2020－05－05（3），2020－05－06（3），2020－05－07（3）.

网络宣传资源、创作优秀网络宣传作品方面还需更加在意识上予以重视、在行动上予以加强。

第三节　推进高校网络思想政治教育作品开发的话语转换

　　用户思维，核心有二：一曰需要，一曰体验。满足用户需要，指向"客观功能"，是用户思维的基础性要求，除此无以谓用户思维；注重用户体验，指向"主观感受"，是用户思维的本质性要求，除此无以彰用户思维。基于用户思维，高校网络思想政治教育作品开发，一方面应当满足大学生的需要，在内容建设上坚持以大学生的需要为导向；另一方面应当注重大学生的体验，在话语方式上坚持以大学生的体验为导向——融入大学生的话语情境，适应大学生的话语习惯，运用大学生的话语元素，顺应大学生的话语偏好，主动推进高校网络思想政治教育作品开发话语方式转换，进而在兼顾满足需要与注重体验的基础上，真正实现高校网络思想政治教育作品既有"营养"又有"滋味"，既有"嗓门"又有"嗓音"，既有"内涵"又有"颜值"，既有"里子"又有"面子"。

　　所谓话语，"是语言的具体实践，是通过一系列的语言规则、规律、约束等条件，在特定的语境中所表达出来的，能够描述、沟通和构建社会实体和社会关系，且使人处于主体位置的符号系统"①。

---

① 洪波. 思想政治教育话语范式转换研究 ［M］. 杭州：浙江大学出版社，2012：35.

"话语是思想的直接现实"①，"话语的背后是思想、是'道'"②，"思想是话语的内容、本质，话语是思想的形式、表现"③。一般来讲，话语包含两个基本维度：一是话语内容，即"说什么"，二是话语方式，即"怎么说"。话语的基本功能，在于作为个体表达、多方交流、群体传播的载体工具，促进话语主体在思想上形成认知、认同、理解和共识。话语的直接目的，在于"希望被人聆听、让人理解、得到应答"④，实现话语最大限度的使用、最大范围的传播、最大程度的认同，使话语内容融入话语主体的知识结构和精神世界，进而潜移默化地影响话语主体的认知、判断、态度和情感，亦即赢得"话语权"。

高校网络思想政治教育作品，总是需要通过一定的话语来表达、交流、沟通和传播的。话语是高校网络思想政治教育作品意思表达和意义建构的基本工具和主要场域，是沟通高校网络思想政治教育作品开发者与阅读者的符合集合和意义系统，直接关乎高校网络思想政治教育作品的亲和力、吸引力、针对性、实效性。在互联网时代，作为"网络原住民"的"95 后""00 后"大学生在话语选择、话语表达上呈现出新需求、新特征，这即要求高校网络思想政治教育作品开发主动加快话语方式转换，运用符合互联网时代传播规律、新生代大学生话语特征的话语方式，传递高校网络思想政治教育内容，扩大高校网络思想政治教育影

① 马克思恩格斯全集（第 3 卷）［M］. 北京：人民出版社，1960：525.
② 习近平. 在哲学社会科学工作座谈会上的讲话［N］. 人民日报，2016 - 05 - 19（2）.
③ 张国祚. 中国话语体系应如何打造［N］. 人民日报，2012 - 07 - 11（7）.
④ 〔俄〕孔金，孔金娜. 巴赫金传［M］. 张杰，万海松译，上海：东方出版社，2000：12.

响，增强高校网络思想政治教育实效，切实破除"尽管他们还在不断言语，但无人聆听，没有对话"① 的话语困境。

一 更为注重使用大众话语

高校思想政治教育以马克思列宁主义、毛泽东思想、邓小平理论、"三个代表"重要思想、科学发展观和习近平新时代中国特色社会主义思想为核心内容，话语内容天然具有高度的概括性、抽象性、理论性、形而上性。在高校思想政治教育实践中，倘若直接生搬硬套马克思主义及其中国化理论成果的概念、语句，从概念到概念、从观点到观点、从理论到理论，看似"原汁原味"，实乃"照本宣科"，往往给人感觉"高高在上""不接地气"，往往容易造成"听不明白""听不进去"。对此，中国人民大学秦宣教授曾直言不讳地指出："我们在理论宣传中，常常使用'本质''核心''灵魂''精髓''关键'等等概念，直译意译外国人都看不懂，我们自己也经常纳闷。结果导致我们的思想政治教育话语出现了'概念漂浮'或'话语空转'，既不能向外扩散，又不能向基层传播。"② 特别是在互联网上，大学生在信息选择上具有高度的自主权和自由度，高校思想政治教育信息与其他网络信息被放置到同一势位、平等竞争，以理论话语表达的高校思想政治教育信息，更是处在"曲高和寡""有理说不出、说了传不开"③ 的话语困境，高校思想政治教育理论话语始终难以

---

① 王卫东，冉杰，胡潇. 当代语境中的思想政治教育 [M]. 长沙：湖南人民出版社，2004：1.

② 秦宣. 中国特色学术话语体系构建思路 [J]. 人民论坛，2012，(11)：13 – 14.

③ 习近平. 在哲学社会科学工作座谈会上的讲话 [N]. 人民日报，2016 – 05 – 19 (2).

得到大学生的关注，难以进入大学生的话语，既内化不进去，也外化不出来，处在"漂浮""空转"的状态，面临"式微""失灵"的风险。

习近平总书记强调："一个道理能深入浅出阐释清楚，走到哪里能很快同群众打成一片，讲的话群众爱听，写的文章群众喜欢看，这样才主动，才能得心应手。"① 因此，在高校网络思想政治教育作品开发中，应当特别注重话语方式的"通俗化""大众化"，充分考虑大学生的个体经验、知识储备、思维方式和话语习惯，把艰深晦涩的理论转换为浅显易懂的语言，把复杂抽象的阐释转化为深入浅出的表达，把党言党语、学言学语转化为民言民语、网言网语，以"通俗化"实现"大众化"，如此才能吸引学生、抓住学生，为学生所接受、所认同，如此才能有效防止在网络空间中"马克思主义被边缘化、空泛化、标签化"②，始终确保马克思主义在网络意识形态中的高势位引领、高势能传播。我们党历来强调马克思主义中国化、时代化、大众化，比如，毛泽东同志撰写的《反对党八股》《矛盾论》《实践论》，邓小平同志提出的"黑猫白猫论""摸着石头过河""发展才是硬道理"，习近平总书记阐述的"打铁还需自身硬""人生的扣子从一开始就要扣好""补足精神之钙"，无不是用朴实简洁的话语通俗地阐释马克思主义的立场、观点、方法，既把道理讲清楚，又让群众听得懂，既有吸引力感染力，又有说服力影响力，实现了入脑入心

① 中共中央文献研究室.《中国特色社会主义文化发展道路》课题组，郭如才.振奋全民族的"精气神"——十八大以来中央关于思想文化建设的新思想 [J]. 党的文献，2015，(4)：18－24.

② 习近平. 在哲学社会科学工作座谈会上的讲话 [N]. 人民日报，2016－05－19 (2).

的话语权效，达到了理论宣传的根本目的。高校网络思想政治教育作品开发话语方式，从理论话语转向更为注重使用大众话语，需要建基于对马克思主义科学理论的深刻理解，建基于对大学生精神成长规律的科学把握，建基于对互联网话语风格元素的熟练运用。

二　更为注重使用故事话语

"共产党人的理论原理，决不是以这个或那个世界改革家所发明或发现的思想、原则为根据的。这些原理不过是现存的阶级斗争、我们眼前的历史运动的真实关系的一般表述。"① 马克思主义及其中国化理论成果，不仅有其科学的理论观点、严密的理论体系，而且有其鲜活的现实依据、坚实的实践基础。马克思在《德意志意识形态》中提出的历史唯物主义的历史观，是在全面考察人类历史的一般进程的基础上得出的；恩格斯在《自然辩证法》中阐发的辩证唯物主义的自然观，是在系统考察自然科学的发展历程的基础上得出的；习近平新时代中国特色社会主义思想，是马克思主义基本原理同中国具体实际相结合、不断推进马克思主义中国化时代化的重大理论成果，是以党的十八大以来所发生的历史性变革、取得的历史性成就以及形成的历史性影响作为其历史和实践依据而提出的。高校思想政治教育的使命任务，一方面在于教育引导学生掌握科学的思想理论、思想体系，另一方面在于教育引导学生掌握正确的思维方式、思维方法——既要"授之以鱼"又要"授之以渔"，既要"知其然"又要"知其所以然"。因此，在高校思想政治教育实践中，应当注意避免满足于"授之以鱼""知其然"，应当注重自觉着力于"授之以渔"

① 马克思恩格斯选集（第 1 卷）[M].北京：人民出版社，1995：285.

"知其所以然"——实现路径即是更少地使用先验性、预设性、结论性话语，更多地使用故事性、情境性、开放性话语，结合大学生的个体经验与意义建构，挖掘鲜活生动的教育素材，设计引人入胜的教育场景，厘清由此及彼的教育逻辑，进而打通从"鱼"到"渔"、从"然"到"所以然"的"最后一公里"，进而入脑入心、培根铸魂，达到由表及里的教育效果。

特别是在当今互联网时代，大学生信息获取呈现碎片化、轻阅读、多来源、自主性的特征，单刀直入的理论宣传已经难以吸引学生，宏大叙事的理论阐释已经难以打动学生。这即要求，高校网络思想政治教育作品开发，应当注意话语方式转换，从"训导姿态"转向"对话姿态"，从先验性、预设性、结论性话语转向故事性、情境性、开放性话语，把"大道理"输出为"小故事"，把"有意义"输出得"有意思"，着力增强作品的可读性，着力增强话语的亲和力，刺激和调动大学生的阅读欲望。在国家层面上，讲好中国共产党治国理政的故事、中国人民奋斗圆梦的故事、中国坚持和平发展合作共赢的故事；在学校层面上，讲好高等教育改革发展的故事、教师校友以学报国的故事、大学文化传承创新的故事；在学生层面上，讲好大学生成长成才的故事、大学生服务社会奉献国家的故事、大学生担当民族复兴大任的故事。在"讲故事"中把"道"讲明，把"理"讲透，把"事"讲清，落细落小，绵绵发力，久久为功，进而支持引导大学生自行进行判断、做出选择、得出结论，提高大学生的思想水平、政治觉悟、道德品质，提升大学生的价值判断能力、价值选择能力、价值塑造能力，进而真正达到入脑入心、内化外化的教育目的。高校网络思想政治教育作品开发话语方式，从先验话语转向更为注重使用故事话语，需要根植于对马克思主义科学理论的深刻理解，根植于对大学生身边人身边事的敏锐观察，根植于对互联网传播规则规律的自觉运用。

三　更为注重使用批判话语

在互联网上，话语空间开放化，话语主体隐匿化，话语权力分散化，话语渠道多元化。西方敌对势力及其代理人把互联网作为进行意识形态渗透的突破点，把互联网作为策动中国"颜色革命"的大本营，大肆向我国渗透西方政治制度、意识形态、价值观念和思想文化。对此，美国前国务卿奥尔布赖特直言不讳地说："中国将随着信息流通而民主化，我们要利用互联网把美国的价值观送到中国去。"[1] 在互联网上，西方敌对势力及其代理人有的颠倒黑白、混淆视听，大肆宣扬西方宪政民主、普世价值、公民社会、新自由主义、历史虚无主义、西方新闻观等错误思潮；有的凭空捏造、用心险恶，恶毒攻击、篡改马克思主义，歪曲、否定党的历史、中华人民共和国历史、人民军队历史，丑化、抹黑党和国家形象，诋毁、诬蔑党和国家领导人、英雄模范；有的扮以假面、设置陷阱，打着学术研究、文化交流的幌子，传播西方政治观、价值观，以文化渗透的方式妄图西化、分化中国；有的笑里藏刀、居心叵测，大搞"低级红""高级黑"，用正面形式制造负面议题，制造混乱，误导公众，"抹黑、撕裂、扭曲、树敌，在舆论场上制造舆情翻车的车祸现场"[2]；有的豢养

---

① 周兵.互联网成为策动"颜色革命"的重要平台 [J].政工学刊，2016，(8)：85.

② 曹林.高级黑低级红的十种表现及防范（系列之一、二、三、四）[N].九江日报，2019-03-05（4），2019-03-06（4），2019-03-07（4），2019-03-08（4）.

打手、制造话题，扶植"异见人士""社会公知"，竭力渲染社会的消极现象和阴暗面，制造传播网络谣言，贩卖鼓动焦虑情绪、不满情绪和相对剥夺感，制造负面社会舆论、扩散负面社会情绪……这些错误思潮、观点、言论，极具欺骗性、诱惑性、煽动性、隐蔽性，对处在世界观、人生观、价值观形成时期的大学生的政治信仰、价值取向、道德观念、心理情绪造成很大影响、干扰和污染。20 世纪末以来，西方国家操纵中亚、东欧独联体国家"颜色革命"的惯用手法就是反对派媒体大行其道，独立媒体偏袒反对派，西方媒体垄断国际舆论，政府媒体势单力薄而导致主流意识形态不断丧失政治整合功能，进而在选举等关键时刻发生政局动荡、政权更迭。[①]

习近平总书记指出："互联网已经成为舆论斗争的主战场"[②]，"没有网络安全就没有国家安全"，"我们过不了互联网这一关，就过不了长期执政关"。[③]"掌握网络意识形态主导权，就是守护国家的主权和政权。"[④] 在互联网时代，面对西方敌对势力发起的网络意识形态战，高校网络思想政治教育作品开发不能有"鸵鸟心态"，不能搞"简单封堵"，必须敢于亮剑、敢于发声，主动进行网上对垒，主动展开网上论战，旗帜鲜明坚持真理，立场坚定批驳谬误，坚决彻底揭露西方敌对势力西化、分化、弱化中国的

---

① 赵永华. 大众传媒与政治变迁——聚焦独联体国家"颜色革命"[M]. 北京：中国书籍出版社，2013：26.

② 习近平总书记系列重要讲话读本 [M]. 北京：学习出版社，人民出版社，2016：204.

③ 习近平. 在网络安全和信息化工作座谈会上的讲话 [N]. 人民日报，2016 – 04 – 19（2）.

④ 习近平关于社会主义文化建设论述摘编 [M]. 北京：中央文献出版社，2017：36.

政治图谋，针锋相对批判西方敌对势力的错误理论、错误思潮、错误观点，"在事关大是大非和政治原则问题上，增强主动性、掌握主动权、打好主动仗，帮助干部群众划清是非界限、澄清模糊认识"①，巩固马克思主义在意识形态领域的指导地位，巩固党执政的政治基础、思想基础、群众基础。特别是在当下我国奋力实现中华民族伟大复兴的新时代、在我国日益走近世界舞台中央的新时代，青年大学生爱国主义精神空前高扬，他们对中国特色社会主义的道路、理论、制度、文化充满高度自信，他们前所未有地期盼看到中国形象越来越自信，期盼听到中国声音越来越响亮，对于一切污蔑、责难、抹黑、唱衰中国的言论，他们强烈而迫切地渴望听到来自中央、官方的铿锵声音予以有力回应、迎头痛击。高校网络思想政治教育作品开发话语方式，从证真话语转向更为注重使用批判话语，需要立足于对马克思主义科学理论的深刻理解，立足于对意识形态领域斗争的清醒认识，立足于网络意识形态话语权的自觉捍卫。

---

① 习近平在全国宣传思想工作会议上强调 胸怀大局把握大势着眼大事 努力把宣传思想工作做得更好［N］. 人民日报，2013－08－21（1）.

第六章

基于社会化思维的高校网络思想政治教育传播优化

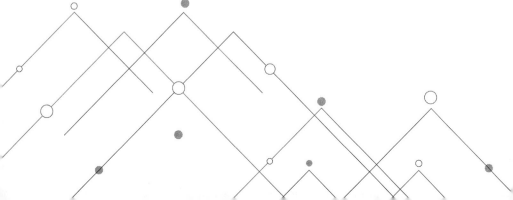

前章中，基于用户思维，聚焦高校网络思想政治教育作品开发，讨论了高校网络思想政治教育作品开发的需要导向、话语转换问题，回答了高校网络思想政治教育作品开发"说什么""怎么说"的问题。有了优秀作品，解决了资源载体问题，继之便是传播，要解决传播技术、传播策略问题——高校网络思想政治教育作品，如何精准到达学生？如何有效覆盖学生？如何触及学生心灵？如何引领学生思想？前诸问题归为一点，就是如何提高高校网络思想政治教育的传播力、引导力、影响力、公信力的问题。

2018 年 8 月，习近平总书记在全国宣传思想工作会议上强调："我们必须科学认识网络传播规律，提高用网治网水平，使互联网这个最大变量变成事业发展的最大增量。"① 2019 年 1 月，习近平总书记在中央政治局第十二次集体学习时强调："正能量是总要求，管得住是硬道理，用得好是真本事"，"扩大主流价值影响力版图，让党的声音传得更开、传得更广、传得更深入"。②

---

① 习近平在全国宣传思想工作会议上强调　举旗帜聚民心育新人兴文化展形象　更好完成新形势下宣传思想工作使命任务 ［N］. 人民日报，2018 – 08 – 23（1）.

② 习近平. 加快推动媒体融合发展　构建全媒体传播格局 ［J］. 求是，2019，（6）：7.

这为新形势下高校网络思想政治教育传播优化提供了根本遵循、明确了目标方向。本章中，基于社会化思维，聚焦高校网络思想政治教育传播优化，集中讨论高校网络思想政治教育传播的媒介环境、受众特征以及高校网络思想政治教育传播优化的基本维度、辩证关系等问题。

第一节　高校网络思想政治教育传播的媒介环境与受众特征

当前，"媒体格局、舆论生态、受众对象、传播技术都在发生深刻变化，特别是互联网正在媒体领域催发一场前所未有的变革"。① 网络新媒体是高校网络思想政治教育传播所运用的新工具，网络原住民是高校网络思想政治教育传播所面向的新对象，深刻理解、准确把握网络新媒体、网络原住民的特点和规律，是探讨高校网络思想政治教育传播优化的基础和前提。

一　传播媒介的多样化

互联网将人类带入了又一个"新媒体"时刻。"新媒体"是一个相对概念而非绝对概念，是一个历史概念而非自然概念，是一个动态概念而非静态概念。回顾人类传播媒介、传播形态漫长的发展历程，在口语时代，印刷是新媒体；在印刷时代，广播是新媒体；在广播时代，电视是新媒体；在电视时代，互联网是新

---

① 坚持军报姓党坚持强军为本坚持创新为要　为实现中国梦强军梦提供思想舆论支持［N］．人民日报，2015 - 12 - 27（1）．

媒体……在传播媒介的推陈出新与传播形态的迭代更新中，传播媒介、传播形态从未有过退出或消亡，只是在弱化与强化、过时与新兴、沉寂与苏醒的辩证中浪头交叠、向前涌动——曾经，印刷媒介的出现，弱化了口语媒介而成为主流媒介，而新兴的广播媒介、电视媒介又重新唤醒了口语；曾经，广播媒介、电视媒介的发展，使印刷媒介过时而成为主流媒介，而新兴的互联网又以网页的形式重新唤醒了印刷。在当今 Web3.0 时代，随着互联网技术的发展，随着网页、社交网站、网络音频、网络视频、网络广播、网络电视等的发展，互联网正以其无限可能的媒介形式、无所不包的应用形态、无所不及的网络结构，统合并强化了口语、印刷、广播、电视等既有媒介形态而成为主流媒介，创新并发展了新的媒介形式、传播渠道、媒体关系而成为新一代"新媒体"，并由此带来了媒体格局、传播生态的历史性、颠覆性重构。

　　在媒介形式方面，一切存在都获得了其媒介形式。视觉信息、听觉信息可以通过文字、图形、图片、影像、动画、声音等传统形式进行表达，更能通过 3D（三维数字化技术）、VR（虚拟现实技术）、AR（增强现实技术）等新兴形式进行全息全像表达，嗅觉信息、味觉信息、触觉信息的表达形式正随着互联网嗅觉技术、互联网味觉技术、互联网触觉技术的不断突破和发展而呼之欲出。在互联网上，人们将不仅能"看到""听到"，还能"闻到""尝到""感到"，媒介形式从"视听"走向"全感"、从"平面"走向"立体"。互联网正在"数字化世界"的过程中将人类带入一个全感官化、全立体化的信息时代。一切存在皆"可媒"。在传播渠道方面，一切信息都拥有了其传播渠道。互联网为人们提供了开放、便捷、低门槛、低成本的传播渠道。一方面，互联网为人赋能、赋权，人人都有麦克风，人人都有话语权,每个人都是信息源,每个人都是发布者,信息传播权利重新分配,信息权利关系深刻变革,用户主权时代真正来临,网状多点传播格局形成,信息传播从闭环系统转换为开环系统,信息发布由体制权力让渡为个体权利;另一方面,报纸、杂志、出版、广播、电视、音像等大众媒介"借网出海",时间、版面、频道、频率、成本、场地等过去看似无法逾越的信息传播限制条件都已成为过去式,取而代之的是信息的永久存储、动态更新、实时检索、自由下载。所有信息在互联网上集合汇聚、快速流淌,呈现出百舸争流、千帆竞发的信息流图景。一切信息皆"可传"。在媒体关系方面,一切媒体加速走向一体和融合。广电网、电信网、互联网"三网融合",电视、电脑、手机"三屏合一",传统媒体与新兴媒体、中央媒体与地方媒体、主流媒体与商业媒体、大众化媒体与专业性媒体正在加速走向一体、走向融合,以全程媒体、全息媒体、全员媒体、全效媒体为代表的全媒体蓬勃发展、如日中天。互联网全面融合了大众传播、群体传播、组织传播、人际传播,媒体关系发展正经历着从同质竞争走向异质竞争、从异质竞争走向异质相加、从异质相加走向异质相融。在媒体融合发展中,早期以传统媒体为主导的" + 互联网"模式快速转型为现今以新兴媒体为主导的"互联网 + "模式,互联网思维方式正在转化为互联网传播策略。一切媒体皆"可融"。

二 传播受众的个性化

互联网时代,传播媒介的变革必然带来传播受众的变化。在外在层面上,作为互联网的"原住民",当代"95 后""00 后"大学生在信息接收渠道和信息获取方式两个方面呈现新的特征。在信息接收渠道方面,从平面媒体、电子媒体转向网络媒体,从固网互联网转向移动互联网，移动互联网上的各类网站、电子书、电子报、微博、微信、朋友圈、App、新闻客户端成为大学生接收信息的主要渠道。企鹅智库统计数据显示，81.5%的用户每天使用移动终端超过 1 小时，46.6%的用户每天使用移动终端超过 3 小时；在移动终端媒体入口的选择上，63%的用户选择使用客户端和新闻网站，49.4%的用户选择使用社交应用。[①] 在信息获取方式方面，从线性方式调整为非线性（网络状）方式，从定时定点搭乘"公交车"调整为随时随地召唤"网约车"，一方面大学生仍在接收来自移动端浏览器、微信公众号、朋友圈等的各类信息，另一方面大学生偏好主动搜索信息，通过使用搜索引擎、参与网络社区、关注特定站点，获取自己关注、感兴趣的个性化信息。主动获取信息的搜索行为超越被动获取信息的浏览行为成为移动互联网时代大学生获取信息的重要特征。

在内在层面上，当代大学生在互联网环境、互联网生存中呈现出新的认知模式、思维方式和行为逻辑。一是具有更为鲜明的主体意识和独立主张。基于互联网的海量性、便捷性，信息由历时传递转为共时传递，由线性传递转为非线性、圈层化、立体式传递，大学生可以根据自身个性需求通过网络获取所需要的各种信息，"不唯师、不唯书、不唯上"的精神得到彰显，"独立选择、独立思考、独立判断"的意识不断增强。与此同时，大学生群体突出地存在着主体意识与主体能力间的"落差"，在错综复杂的信息环境中容易陷入"自我质疑"：我碰到的是什么内容？

---

① 彭兰. 智媒来临：2016 中国新媒体趋势报告 [EB/OL] . 思客网，http://sike. news. cn/statics/sike/posts/2016/11/219509602. html.

信息完整吗？假如不完整，缺少了什么？信息源是谁/什么？我为什么要相信他们？他们提供了什么证据？是怎样验证或核实的？其他可能性解释或理解是什么？我有必要知道这些信息吗？[①]进而在事实判断、价值判断上出现摇摆不定、茫然失向，导致大学生社会图景的混乱。二是具有更为强烈的话语意识和表达冲动。基于互联网的开放性、交互性，大学生获得了充分的话语权利、便捷的话语渠道，习惯于通过微博、微信、论坛等自媒体工具，随时随地发表观点、表达意见，对具体议题表达自己的看法，就切身利益表达自己的诉求。与此同时，大学生群体突出地存在着话语权利与话语责任间的"失衡"，注重行使话语权利却忽视承担话语责任，在网络表达中常常"张口就说""伸手就敲"，匿名发言不负责任而成为"牢骚客""键盘侠"，特别是由于知识结构相对单一、社会阅历相对有限、思维方式相对狭窄，在众声喧哗的信息环境中容易坠入追逐眼球效应的自媒体所制造的事实传播碎片化信息陷阱、观点传播刺激性结论陷阱以及舆论应对绝对化思维陷阱[②]，进而在观点发表、意见表达中表现出非理性、情绪化，导致大学生社会参与的失序。三是具有更为自主的学习意识和学习模式。基于互联网的平台性、虚拟性，大学生开启了"自适应学习"模式，根据自身实际状况进行个性化的学习，而非死板地按照课程计划进行学习，开启了"体验式学习"模式，在现实模拟场景中进行体验式的学习，而非枯燥地学习书

---

① 〔美〕比尔·科瓦奇，汤姆·罗森斯蒂尔．真相：信息超载时代如何知道该相信什么［M］．陆佳怡，孙志刚，刘海龙译，北京：中国人民大学出版社，2014：序言．

② 陈江江．自媒体时代传播思维的异化与净化［J］．传媒，2019，（4下）：67－68．

本知识理论知识，开启了"同侪间学习"模式，在网络社交圈子中进行同侪间的学习，而非单一地跟随教师参与学习。与此同时，大学生群体突出地存在着学习广度与学习深度间的矛盾，在信息冗余的信息环境中容易以粗浅的、跳跃式的学习替代深入的、系统化的学习，浏览一个网页的平均时间往往只有 20～30秒①，一目十行、浅尝辄止，学习中"数量在增长而质量在下降""知道的多了而懂得的少了"的问题较为突出，进而在知识积累、体系建构时陷入到碎片化、浅表化，导致大学生社会学习的低效。

第二节　实现高校网络思想政治教育传播优化的基本维度

高校网络思想政治教育传播，是教育者运用互联网传播工具，实现教育信息扩散、接收、认同、内化的过程。较之高校思想政治理论教育传播、高校日常思想政治教育传播，高校网络思想政治教育传播在环境、载体、路径、方法、对象等方面发生了深刻变化，需要在科学认识网络传播内在规律、吸收借鉴网络传播成功经验的基础上，从设置网络议程抢抓注意力资源、激活网络互动强化参与感构建、融渗网络生活提升智能化水平、整合网络信息发挥教材式功能四个维度予以优化，增强高校网络思想政治教育传播实效。

---

① 陈力丹. 互联网的非线性传播及对其的批判思维［J］. 新闻记者，2017，（10）：49.

一 设置网络议程抢抓注意力资源

互联网时代，是数据洪流的时代，是信息爆炸的时代。数据方面，2018 年 11 月，国际数据公司（IDC）发布的《数据时代 2025》白皮书预测，到 2025 年，全球数据圈将增至 175ZB，是 2018 年 33ZB 的 5 倍多，相当于每天产生 491 EB 的数据；每个联网的人平均每天发生 4909 次数据互动，是 2015 年的 8 倍多，相当于每 18 秒发生 1 次数据互动。[①] 信息方面，2018 年 11 月，外交部统计数据显示，2018 年中国有 8 亿网民，近 1.2 万种报纸期刊，每月微博活跃用户超过 4 亿，网民每天产生的信息量多达 300 亿条。[②] 在互联网时代，信息来源多元化，信息渠道开放化，信息生产犹如井喷之水，信息传播仿若燎原之火，信息无处不在、无所不及、无人不用，过去的"信息稀缺"正在变为现在的"信息过剩"，以往的"人找信息"正在变为如今的"信息找人"。那么，裹挟在汹涌的信息浪潮中，怎样在信息"红海"中杀出一条血路？怎样在信息"蓝海"中辟出一条新路？使信息真正地"找到人""抓住人"？答案就是：注意力。正如美国学者迈克尔·戈德海伯在《注意力购买者》一文中所提到的："所谓信息时代，实际上是信息过剩的时代，信息时代的真正稀缺的资源是注意力。""只有赢得广泛持久的注意力并赢得赞誉，才能创造出真正的网络奇

---

① 国际数据公司（IDC）. 世界的数字化——从边缘到核心 ［R/OL］. IDC 官网，https://www. seagate. com/files/www – content/our – story/trends/files/idc – seagate – dataage – chine – whitepaper. pdf.

② 外交部副部长乐玉成：言论自由也有"红线" ［EB/OL］. 人民网，http://world. people. com. cn/n1/2018/1107/c1002 – 30385764. html.

迹。"① 其所谓的注意力，就是指人对信息的关注；其所谓的注意力资源，具有四个方面的显著特征：一是有限性、稀缺性，人的注意力供给总是远远小于信息供给；二是可变性、转移性，人的注意力落点随时随地可能发生变化；三是个体性、差异性，不同个体的注意力指向往往会因人而异；四是从众性、集中性，同质人群的注意力趋向往往具有同质性。一言以蔽之，在互联网时代，信息竞争、媒介竞争、传播竞争的焦点，是对注意力资源的竞争。

因此，高校网络思想政治教育传播应当顺应时代、扭住关键，介入注意力竞争，抢抓注意力资源，让互联网上正能量更强劲、主旋律更高昂，实现正确理想信念、价值理念、道德观念对大学生的有效影响与引领。按照经典传播理论，获得注意力，首在议程设置——大众传播具有为公众设置"议事日程"的功能，传媒报道以设置"议题"的方式，吸引公众的注意力，影响公众的关注点，进而影响公众的认知和态度。在互联网时代，网络议程设置仍是高校网络思想政治教育获取注意力的基本方式，但较之大众传媒时代的传统议程设置，网络议程设置面临更大挑战，一方面，互联网信息主体多元化、传播渠道开放化，网络议程设置实施难度增大；另一方面，受众可以自行选择或自行阻断传播渠道，网络议程设置效果受到限制。因此，置身"用户主权时代"，面向真正拥有独立意志的"信息选民"，网络议程设置应对传统议程设置机制进行优化，既要考虑教育者的"出发点"，又要注重大学生的"关切点"，着眼大学生的自发需要和自觉需要，进行网络议程设置，唤起大学生有预定目的、有意志参与的"有

---

① Michael H. Goldhaber, *Attention Shoppers*. WIRED, https://www.wired.com/1997/12/es-attention.

意注意"。"所谓的传媒竞争，在很大的程度上比拼的是其社会能动属性的发挥状况。传媒在市场竞争中的价值大小主要取决于其社会能动性在多大程度上为推动人们正确地判断形势、优化地做出行为决策打上多少自己作为资讯渠道的烙印。"①　"深入人心"首先要能"进入人心"。把握影响大学生注意力发展的因素、特点、规律，特别是把握大学生全面发展的内在需要，是网络议程设置成功与否的关键所在。需要强调的是，高校网络思想政治教育抢抓注意力应当切实避免走入"标题党""图片党""蹭流量""蹭热度""花边新闻""网络段子"等误区，这些手段尽管可能能够获得一定的注意力，但其所获得的注意力往往是无预定目的和无意志参与的"无意注意"，是一时的、浅层的、不可持续的"低效注意"，相反，其将对高校网络思想政治教育的严肃性、权威性、公信力造成损害。

二　激活网络互动强化参与感构建

前互联网时代，信息的开发与传播是相互独立、界限分明的两个环节、两个阶段，比如报纸杂志的采编、刊发，电视节目的录制、播映，文艺演出的编排、表演等，因循着"先开发后传播"的模式。在"先开发后传播"模式下，开发者几乎包揽了包括主题创意、文案撰写、素材制作、形象设计等开发创作阶段的全部任务，尽管可能在前期有过面向受众的某些调研，但是这种调研仍然是以开发者为主体进行的，而且大多只是作为一种姿态表示，作为对象的受众实际上鲜少参与开发过程，只在传播阶段

---

① 喻国明.关于传媒影响力的诠释——对传媒产业本质的一种探讨［J］.新闻战线，2003，（6）：24.

方才介入。高校思想政治教育大抵亦是如此，比如思政课程的备课、上课，思政活动的策划、实施，思政作品的创作、发布等。一方面，教育者包揽开发创作任务，客观上容易脱离学生实际，造成供给与需求的错位，导致"叫好不叫座"甚至"出力不讨好"；另一方面，教育者包揽开发创作任务，实际上造成了开发创作过程这一极具教育意义、传播价值的过程的闲置与浪费，降低了高校思想政治教育的效果和效率。"先开发后传播"模式，是在信息开发者与信息接收者之间交互渠道少、交互效率低、交互成本高的特定限制条件下形成的。而今，随着互联网时代的到来，多渠道、即时化、低成本的交互成为可能，"先开发后传播"模式弊端日显，"边开发边传播"模式应运而生。其典型实践者小米科技，将之总结为"参与感"模式。在《猪会飞的背后，参与感就是"台风"》一文中，小米 CEO 雷军写道："用户的参与感是小米最核心的理念"，"第一是和用户互动来做好产品，第二是靠用户的口碑来传播和营销"。① 无论是 MIUI 开发还是手机开发，小米都始终注重用户的"参与感"，注重把开发过程和传播过程融于一体，基于其在论坛、微博等社会化媒体上的全员客服，设计了 MIUI "橙色星期五" 和 "四格体验报告" 互联网开发模式、小米手机 "红色星期二" 开放购买活动，设计了荣誉内测组、爆米花年度盛典、米粉节等用户互动项目，通过 "开放参与节点，设计互动方式，扩散口碑事件"②，增强用户的 "参与感" 体验，展开小米的 "参与感" 理念。在日新月异的互联网技

---

① 黎万强 . 参与感：小米口碑营销内部手册 [M] . 北京：中信出版社，2017：序 .

② 黎万强 . 参与感：小米口碑营销内部手册 [M] . 北京：中信出版社，2017：19.

术、应用的支持下，信息的开发与传播两个环节、两个阶段间的界限变得越来越模糊，日趋融为一体、合而为一，开发过程即是传播过程已是趋势所向。

因此，高校网络思想政治教育在传播中，应当强化"参与感"构建，将传播前置到高校网络思想政治教育作品开发的前端，并贯穿于开发的全过程。在整个开发、传播过程中，注重挖掘参与节点、设计互动方式、扩散口碑事件，满足大学生"在场介入"的心理需求，调动大学生"主动参与"的行动热情，使大学生从"旁观者"变为"参与者"，从"参与者"变为"传播者"，激活和放大网络外部性效应，进而将高校网络思想政治教育作品开发过程和传播过程打造成一个完整的"传播事件"。比如，高校要以爱国主义教育为主题举办庆祝新中国成立 75 周年晚会，在前期，可以开展创意网上征集、节目网上海选、花絮网上直播、门票网上预约等活动；在现场，可以开展晚会网络直播、网络弹幕评论、现场"媒体墙"、观众在线点赞等活动；在后期，可以开展最佳节目网上评选、最佳演员网上献花、晚会网络轮播、网上意见反馈等活动。在此过程中，通过一系列的参与节点挖掘、互动方式设计、口碑事件扩散，让更多的学生通过在场、在线，不仅成为晚会的观众，更成为晚会的导演、策划、撰稿、演员、执行、剧务，并且自觉担当起晚会的宣传员、解说员、评论员，使一场"十人主创、千人观赏"的晚会通过互联网传播与互动成为一场影响全校乃至整个校友群体的全员盛会，达到涵养爱国主义精神、厚植爱国主义情怀的教育目的。"参与感"构建强调受众在开发、传播全过程的全方位参与，较之"先开发后传播"模式，必然需要投入更多的时间、精力、人力、物力，往往需要组建网络专班协同工作，而且要求组织者具有很强的互联网思维意识和互联网应用能力，但从投入产出分析的角度看，教育活动在对象覆盖、教育效果、影响效力等方面所具有的优势，是对象"一次定量"、效果"一掠而过"、效力"一阅即焚"的"先开发后传播"模式所无法企及和比拟的。

三 融渗网络生活提升智能化水平

2016年，华为总裁任正非在全国科技创新大会上提到："未来二三十年人类社会将演变成一个智能社会，其深度和广度我们还想象不到。"① 现今，在大数据、移动互联网和云计算等新兴技术的支撑下，以机器学习、深度学习为核心的人工智能（AI）迅猛发展，计算机从数据中学习的能力以及使用神经网络获得类似人脑分析功能的能力日趋增强，人工智能时代初现端倪。人工智能在传播领域的应用，催动着互联网从"传媒"向"智媒"快速进化，机器人写作、传感器采集、个性化推荐、智能化分发、临场式呈现、分布式汇集②等新的人工智能媒体应用逐次登场、方兴未艾，智能化已然成为媒体未来发展不可逆转的潮流和趋势。其间，尤为值得注意的是，"人工智能＋媒体"赋予了互联网"比人更了解人"的能力，能够根据受众的行为、习惯、偏好、环境等信息为受众精准"画像"，依据"受众画像"为受众匹配即时、有效、定制化的信息，进而实现真正的分众传播、精准传播、有效传播，人主导的信息分发正在衍化为算法主导的信息分发。比如，今日头条运用算法、数据挖掘以及机器学习等技术，

---

① 任正非. 以创新为核心竞争力 为祖国百年科技振兴而奋斗［EB/OL］. 澎湃网，https：//www. thepaper. cn/newsDetail_ forward_ 1478178.

② 彭兰. 智媒来临：2016 中国新媒体趋势报告［EB/OL］. 思客网，http：// sike. news. cn/statics/sike/posts/2016/11/219509602. html.

对用户数据进行挖掘和了解，勾画出用户的兴趣图谱，在用户使用过程中根据用户的点击、搜索、订阅等行为优化用户画像，根据用户画像来向用户推荐其感兴趣的文章。^① 再如，百度基于其海量内容池、千人千面算法以及百度大数据，通过判断用户短期意图（上次搜索内容）、长期意图（什么内容搜索最多）以及用户画像（性别、年龄、职业、收入、位置）等信息，对用户进行精准细分，提供个性化、定制式的信息服务。^② "人工智能 + 媒体"，在信息大爆炸中有效解决了信息盲送、信息过载、信息失效等传统传播方式难以解决的问题，在提升受众的信息体验中提升了信息传播的效果和效率。

因此，在智能媒体时代，高校网络思想政治教育要把智能传播作为创新发展的重要切入点和着力点，因势而谋、应势而动、顺势而为，运用人工智能技术手段，通过对学生点击、搜索、停驻、评论、订阅、上传、下载、支付、位置等网络行为以及分享、互动等网络关系的掌握，分析判断学生的兴趣、困惑、习惯、场景、社交渠道、社交网络等，进而对学生进行精准画像，根据学生画像通过算法设计、优化和提升来对学生进行分众、分类、分层、分需，为学生提供个性化、定制式的信息，以此达到思想引导、心理疏导、行为范导的教育目的。在算法设计上，应在四个方面优先响应：一是"身份式"响应，智能识别学生身份、学段、状态，根据学生需要推送刚需信息，比如对于处在"大一"阶段的学生，精准推送大学适应真实案例、经验分享，

---

① 沈浩，元方. 智能化媒体与未来 ［J］. 新闻战线，2018，（1）：56.

② 百度营销研究院. "人找信息" 还是 "信息找人"，互联网究竟能做些什么？［EB/OL］. 百度网，https://baijiahao. baidu. com/s? id = 1565821332101956&wfr = spider&for = pc.

比如对于家庭经济困难的学生，精准推送国家、学校资助政策、励志文章；二是"热点式"响应，聚焦学生群体普遍关心关切的时政热点难点问题推送权威信息，比如围绕"中美贸易摩擦"事件，及时传递中央声音，准确阐读中国政策，比如针对特定高校网络舆情事件，及时推送官方回应，消除误读误解误传误会；三是"滴灌式"响应，针对学生个体表现出的特定兴趣点、特定关注点推送准确信息，比如对于关注宪政问题的学生，推送宪政相关权威理论文章、观点分析，比如对于热心公益活动的学生，推送公益活动参与方式、注意事项等信息；四是"纠偏式"响应，发现学生存在不当网络言论或者不当网络行为时推送引导信息，比如对于存在"翻墙"行为的学生，推送网络法律法规以及相关违法处理案例，比如对于沉溺网络色情的学生，推送网络色情危害以及"防沉溺"策略。在提升高校网络思想政治教育智能化水平实际工作中，应在三个方面牢牢坚持：一是坚持内容的"有价值性"，作为"植入"学生阅读终端的高校网络思想政治教育信息，就学生体验而言应是有价值意义的，需要仍是内容之本；二是坚持内容的"原生态性"，作为"嵌入"学生用户界面的高校网络思想政治教育信息，不能破坏学生用户界面本身的和谐，突兀容易招致抵触；三是坚持内容的"可扩散性"，作为"融入"学生网络生活的高校网络思想政治教育信息，应是学生乐于阅读、接受和分享的，致力放大人际传播。

四　整合网络信息发挥教材式功能

尼葛洛庞帝在《数字化生存》一书中指出："数字化会改变大众传媒的本质，'推'送比特给人们的过程将一变而成为允许人们'拉'出想要的比特的过程。"① 在互联网时代，搜索引擎已经成为人们日常获取信息的首要选择和基本方式。据 Smart In-sight 估计，目前全球每天有 50 亿次搜索，其中 35 亿次来自Google，占全球搜索量的 70%，相当于每秒处理 4 万多次搜索。②百度公司大事记显示，2018 年 9 月百度 App 平均日活跃量达到1.51 亿，即每天使用手机百度的用户达到 1.51 亿人。③ 在互联网世界中，搜索引擎正在扮演着"流量分配者"的角色。搜索引擎，从技术视角看是"价值中立"的，而从意识形态视角看则是带有"价值属性"的。搜索引擎检出信息，在客观上是带有倾向性和引导性的，在首因效应作用下能够先入为主地影响受众对理论、观点、事件、问题的认知、判断、态度、情感——检出信息"公"多，则易"公有理"，检出信息"婆"多，则易"婆有理"；检出信息"东风"多，则易"东风压倒西风"，检出信息"西风"多，则易"西风压倒东风"。从教育意义上讲，在互联网时代，搜索引擎在相当程度上具有了"国家知识库""国民教科书"的功能，其引导力、影响力不容小觑。反观现实，在中国用户最为集中的百度、搜狗、360、神马等搜索引擎上，输入涉及意识形态的"概念"关键词或"事件"关键词，可以发现检出页面往往五花八门，有的以点代面，有的东拼西凑，有的语焉不详，有的道听途说，更有甚者歪曲事实、观点错误。"意识形态

① 〔美〕尼葛洛庞帝. 数字化生存［M］. 胡泳，范海燕译，海口：海南出版社，1997：103.
② 不可思议的数字：互联网每天到底能产生多少数据？［EB/OL］. 新浪网，ht-tp：//finance. sina. com. cn/stock/relnews/us/2019 – 04 – 15/doc – ihvhiqax2729117. shtml.
③ 百度（百度公司）［EB/OL］. 百度网，https：//baike. baidu. com/item/百度/6699? fr = aladdin/.

工作是党的一项极端重要的工作"①,"互联网已经成为舆论斗争的主战场"。② 涉及意识形态的搜索乱象,极易对大学生形成误导、造成混乱,需要引起充分注意和高度警惕。

因此,高校网络思想政治教育传播,一方面要在继续优化"推"的方面下功夫,另一方面也要在持续优化"拉"的方面下功夫,系统整合网络思想政治类信息。一是"建目录",围绕高校思想政治教育使命任务,结合学生关心关注热点难点,建立完善、动态更新思想政治类"关键词"清单目录,涵盖历史问题与现实问题、理论问题与实际问题,依照清单目录,组织工作力量,开展搜索引擎检出信息建设管理,确保提供权威、全面、真实、有时效性、有吸引力、有影响力的内容。二是"推主流",在搜索引擎中优先检出清单目录内的信息,既有理论阐释内容,又有事实描述内容,既有主流媒体内容,又有自媒体内容,有理有据,相互印证,把"理"说透,把"事"说清,真正达到"一搜就清楚""一搜就明白"而非"越搜越糊涂""越搜越迷茫",使网络真正成为呼应第一、第二课堂的第三课堂。三是"堵漏点",依据国家互联网管理相关法律法规,加大思想政治类信息管理力度,屏蔽思想政治类"关键词"不良页面,采取技术过滤手段并在必要时辅以人工复检方式,屏蔽观点错误、事实不实页面,同时追踪相关网络信息源头予以及时清理、处置,严格控制不良有害信息通过网络肆意传播、蛊惑

---

① 习近平在全国宣传思想工作会议上强调 胸怀大局把握大势着眼大事 努力把宣传思想工作做得更好 [N]. 人民日报,2013-08-21 (1).

② 习近平总书记系列重要讲话读本 [M]. 北京:学习出版社,人民出版社,2016:204.

人心。① 在高校网络思想政治教育中，整合网络信息是一项基础工程、战略工程，堪视为马克思主义理论研究和建设工程的"网络版"。相比前述抢抓注意力资源以"内容"制胜、强化参与感构建以"互动"制胜、提升智能化水平以"技术"制胜，发挥教材式功能更需以"组织"制胜，动员全国高校思想政治工作队伍，集合全国高校思想政治工作力量，主动建设，长期建设，使互联网从"信息源"提升为"可靠信息源"，从"信息流"提升为"有序信息流"，从"信息库"提升为"主流信息库"，进而实现高校网络思想政治教育"推"与"拉"的双向互动、协同配合，传播正能量，弘扬主旋律，牢牢占领互联网意识形态阵地。

第三节　协调高校网络思想政治教育传播优化的辩证关系

适应传播媒介的深刻变革，面向传播受众的鲜明特征，一方面，高校网络思想政治教育传播优化需在操作策略层面主动探新求变，推动主流意识形态高势位引领、高势能传播；另一方面，高校网络思想政治教育传播优化需在原则方向层面自觉把关控舵，确保高校网络思想政治教育传播张弛有度、开合有序。具体来讲，高校网络思想政治教育传播优化应协调处理数量与质量、一元与多样、线上与线下三个方面辩证关系。

---

① 熊钰. 高校网络思想政治教育研究［M］. 北京：光明日报出版社，2018：106－107.

一 协调数量与质量的关系

近年来，高校网络思想政治教育受到高度重视，发展十分迅猛。在"使命意识""占领思维"主导下，高校网络思想政治教育平台大量涌现，高校网络思想政治教育作品高频推出。然而，在光鲜的工作报告、漂亮的统计报表的背后，高校网络思想政治教育信息低质化、同质化，传播饱和化、过载化，接收标签化、边缘化，效果空心化、马赛克化等问题突出存在，严重掣肘高校网络思想政治教育创新发展。实际上，由于信息生产、内容投放的低门槛，高校网络思想政治教育自诞生之日起就存在着良莠不齐甚至粗制滥造的隐忧，在内容高度、广度、深度、跨度、角度等方面天然难以望高校传统思想政治教育之项背。

高校网络思想政治教育不同于一般意义上的互联网信息生产者、传播者，不是简单的博人眼球、哗众取宠、赚取流量，而是背负着塑造价值、引领思想、培根铸魂的使命任务。因此，高校网络思想政治教育传播要从立德树人根本任务出发，自觉正确处理数量与质量的关系，从管理体制上加强高校网络思想政治教育传播源头"把关"，从"重数量"转为"重质量"，从"抓渠道"转为"抓内容"，从"占阵地"转为"占人心"，在传播中强化质量意识、责任担当，主动"把数量压下去、把质量提上来"，坚持"出手必出彩、完成必完美"，汇聚优势渠道、优势平台集中传播有传播力、有引导力、有影响力、有公信力的优质高校网络思想政治教育信息，避免出现信息低质低效、信息刷屏轰炸、信息超荷过载，避免高校网络思想政治教育传播因为过差过泛过滥而陷入晕轮效应，使高校网络思想政治教育真正成为生产传播优质网络信息、建设维护清朗网络空间的中坚力量。

二 协调一元与多样的关系

马克思主义是中国大学最鲜亮的底色。高校网络思想政治教育的根本任务是坚持不懈传播马克思主义科学理论，坚持不懈培育和弘扬社会主义核心价值观，用马克思主义科学理论武装大学生头脑，用社会主义核心价值观引领大学生思想，帮助大学生掌握科学的世界观、人生观、价值观和方法论，引导大学生正确认识世界和中国发展大势，正确认识中国特色和国际比较，正确认识时代责任和历史使命，正确认识远大抱负和脚踏实地，系好人生的第一粒扣子，把好成长的价值观航向，培养德智体美劳全面发展的社会主义建设者和接班人、堪当民族复兴大任的时代新人。

多样化是互联网与生俱来的品质。在开放、平等、交互的互联网场域中，主体多样、诉求多样、视角多样、观点多样、文化多样、声音多样等多样化现象是客观存在的、不以人的意志为转移的。因此，高校网络思想政治教育传播，要注重平衡调节意识形态一元化建设与互联网多样化存在间的关系，在坚持马克思主义意识形态一元主导的前提下，实行"一元主导、多样引导"的传播策略，围绕具体网络议题，为大学生提供多样化的视角、多样化的观点、多样化的阐读，以此更好地满足互联网多样化场景下大学生"多角度看""多维度看""对比着看""综合着看"的信息获取需要，帮助大学生获得更辩证、更深刻、更立体的认识，赢得大学生情感上的共鸣、心理上的接受、理智上的认同，增益大学生独立思考能力、综合分析能力、理性辨识能力的培养与提高。与此同时，多样视角、多样观点的展开，还将有利于先声夺人、先入为主，全方位、全领域抢占思想前沿、舆论阵地，有效避免择其一点不及其余而导致遭遇网络吐槽、拍砖甚至屏蔽的问题，有效化解观点单一孤军突进而导致遭遇网络围堵、责难甚至解构的风险。

三　协调线上与线下的关系

网络是现实生活的镜子，网络上的言论、情绪、思想、行为不过是现实生活的投射、反映，都有着其具体的、现实的诱因、根源。网下"发生"网上"发酵"，线下"发炎"线上"发烧"，是当前现实—网络关系的真实写照。因此，高校网络思想政治教育传播，发力点是在网上，着力点则在网下，既要盯住网上又要盯住网下，既要关照线上又要关照线下，合并网上网下"同类项"，解好线上线下"方程式"，如此才能有效做好网络宣传，达成预期传播目的。

网络受众生活在现实与网络两个场景中，来回穿插、随时切换，将网络所见所闻、所知所感与现实所见所闻、所知所感进行对比，在得出一致性结论后往往会表现出认同、接受，而在得出非一致性结论后则往往表现为质疑、排斥。因此，高校网络思想政治教育传播，在坚持"音色"正能量的同时，要注意把握"音调"的合场景性，"到什么山上唱什么歌"，在网络场景与现实场景的关系中找到最佳平衡点，采取有针对的网络传播策略，防范陷入塔西佗陷阱。具体而言，就是要坚持与网络受众"同理""共情"原则，在主流价值与生活现实相一致时，在传播策略上要借势借力做大做强主流宣传，以此强化网络正面引导，最大限度凝聚共识；在主流价值与生活现实相偏差时，在传播策略上要突出问题意识提出建设性意见，以此平顺网络受众情绪，引导网民理性发声；在主流价值与生活现实相背离时，在传播策略上要直面问题积极推动现实变革，以此控制网络燃点爆裂，化解网络舆情危机。必须清醒地认识到，在高校网络思想政治教育传播中，一味地"高大上全"、不接地气，非但难以赢得网络受众认同，还容易招致网络受众的反感、质疑甚至抵触、排斥。

第七章
基于平台思维的高校网络思想政治教育生态建设

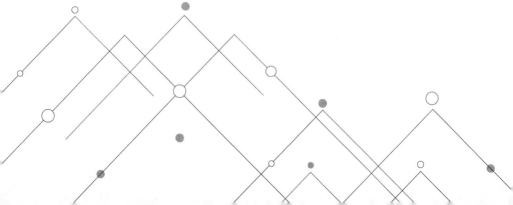

　　优秀的作品、有效的传播，是高校网络思想政治教育的两大核心议题，前者关乎内容，后者关乎渠道，犹如车之两轮、鸟之双翼，可谓相辅相成、相得益彰。前章中，基于用户思维讨论了高校网络思想政治教育作品开发的需要导向、话语转换问题，基于社会化思维讨论了高校网络思想政治教育传播优化的基本维度、辩证关系问题，针对当前高校网络思想政治教育所突出存在的"有理说不出""说了传不开"的现实困境，给出了破解理路、应对策略。

　　随即，新的问题被提了出来——如何实现优秀作品持续开发、源源不断？如何实现有效传播持续开展、声声不息？这便将研究导向更为宏观、更为系统层面上的高校网络思想政治教育生态建设问题。高校网络思想政治教育主体的多源性、对象的选择性、过程的多变性、环境的开放性，决定了高校网络思想政治教育生态的复杂性。本章中，基于平台思维，聚焦高校网络思想政治教育生态建设，集中讨论高校网络思想政治教育生态的内在结构、核心因子以及高校网络思想政治教育生态建设的关键路径、内在要求等问题。

第一节　高校网络思想政治教育生态的
内在结构与核心因子

　　教育生态问题研究始自 20 世纪 60 年代，最早是由美国哥伦比亚大学教授劳伦斯·A. 克雷明在《公共教育（教育新视野)》中提出。一般认为，教育生态是指"把教育作为一个由各层次的结构单元和外界多维生态环境中各种生态因子所构成的网络，各个单元和因子之间相互联系、相互作用和影响，形成一种复杂的结构，在功能上组成一个统一的整体"①。复旦大学邱柏生教授最早将教育生态学引入高校思想政治教育研究，提出高校思想政治教育生态是指"一切对大学生思想政治教育活动开展及其效果产生各种影响的内外部因素之间关系及结构的总和"②。据此，笔者认为，可将高校网络思想政治教育生态定义为高校网络思想政治教育内外因子相互联系、相互作用、相互制衡的关系与状态。

现今，随着互联网时代的到来，互联网社交、互联网传媒、互联网商业等诸领域平台模式的崛起、生态系统的建立特别是平台思维的提出，为进一步深化和创新教育生态研究带来了新理念，打开了新视野，注入了新内涵，提供了新材料。在此背景下，高校网络思想政治教育作为一种"触网""在线"教育形态，基于平台思维核心理念，融合教育生态研究成果，创新高校网络思想政治教育生态建设，自然而然地被提上了研究日程。

一 高校网络思想政治教育生态的内在结构

高校网络思想政治教育是一个整体的、复杂的生态系统。一方面，高校网络思想政治教育生态系统包括多种生态因子——处

① 李守可. 大学生思想政治教育的教育生态诠释与构建［J］. 毛泽东思想研究，2015，（1）：142–143.

② 邱柏生. 充分认识高校思想政治教育的生态关系［J］. 思想理论教育，2008，（15）：28.

于生态上游的网络强国战略、优先发展教育战略、网络空间秩序、公共网络传媒、网络法治建设、网络文化氛围、网络舆论环境等诸因子；处于生态中游的高等学校、政策设计、制度安排、高校网络思想政治教育工作者、高校网络思想政治教育理念模式、体制机制、评价体系与评价方法等诸因子；处于生态下游的高校网络思想政治教育内容、方法、路径、平台、对象等诸因子。另一方面，高校网络思想政治教育生态系统包含多重生态层次——高校网络思想政治教育"内生态"，主要是指高校网络思想政治教育"内部的"基本要素、组织体系、运行机制、资源保障等间的相互关系与运行状态；高校网络思想政治教育"属生态"，主要是指高校网络思想政治教育与"同属的"高校思想政治理论教育、高校日常思想政治教育等间的相互关系与运行状态；高校网络思想政治教育"外生态"，主要是指高校网络思想政治教育与"外部的"教育大系统、社会大环境、互联网空间等间的相互关系与运行状态。高校网络思想政治教育生态系统"上游""中游""下游"诸因子、"内生态""属生态""外生态"诸层次，并非相互独立、绝缘，而是彼此衔接、嵌套，共同构成了高校网络思想政治教育链条式、圈层化、整体性的生态结构。

互联网的泛在性、开放性、交互性，天然决定了高校网络思想政治教育各生态因子间、各生态层次间相互联系更加紧密，相互作用更加显著，生态结构更加复杂，生态关系更加错综。在高校网络思想政治教育生态系统中，某一生态因子、生态层次的局部变化都有可能形成"蝴蝶效应"，对高校网络思想政治教育生态系统形成影响，造成高校网络思想政治教育生态系统的优化或恶化。而且，就其发展趋势而言，高校网络思想政治教育各生态因子正在加速走向融合，各生态层次正在逐渐化为一体。因此，高校网络思想政治教育生态建设，应当坚持全面、联系的观点，运用系统分析的方法，一方面要注重高校网络思想政治教育"内生态"生态因子的协调，另一方面也要注重高校网络思想政治教育"属生态""外生态"生态因子的协调，处理好关联点、连接线、接触面等关系，统筹推进高校网络思想政治教育"上游""中游""下游"诸因子、"内生态""属生态""外生态"诸层次协调发展，进而建设同生同构、相生相合、共生共荣的高校网络思想政治教育"大生态"。

二 高校网络思想政治教育生态的核心因子

高校网络思想政治教育的各因子在生态系统中所处的地位、对生态系统发展所起的作用是不同的，即"生态位"① 是不同的，有着主要与次要、核心与外围、关键与一般之别。其中，主要、核心、关键因子在高校网络思想政治教育生态发展中起着决定、支配作用，次要、外围、一般因子在高校网络思想政治教育生态发展中起着辅助、配合作用。高校网络思想政治教育生态系统，是应对互联网时代大学生思想政治教育面临的机遇与挑战，围绕完善大学生思想政治教育体系、提升大学生思想政治素质而人为构建起来的一个人工生态系统，有着鲜明的社会性。"人是一切社会关系的总和。"② 在高校网络思想政治教育生态系统中，"人"天然是居于核心"生态位"的，既包括高校网络思想政治教育受动方，又包括高校网络思想政治教育施动方，政策、制

---

① 生态位，生态学术语，是指一个种群在生态系统中，在时间空间上所占据的位置及其与相关种群之间的功能关系与作用。

② 马克思恩格斯选集（第1卷）[M].北京：人民出版社，1995：56.

度、机制、内容、方法、平台、路径、资源、评价等生态因子都应围绕"人"这一核心因子而展开。脱离了"人",高校网络思想政治教育生态系统则将从根本上失去存在的价值和意义。因此,高校网络思想政治教育生态建设,根本的是要抓住"人"这一核心因子,以人为中心"汇聚、包容和关照不同层次生态系统中各种生态要素,并进而整体性地统一协调、功能互补和交互循环,以形成共同的着力点"①。

　　突出高校网络思想政治教育生态建设中人的核心"生态位",一方面应当突出学生的主体地位,围绕立德树人根本任务,把握互联网时代大学生成长成才的规律、特征、需要、诉求,营造有利于大学生全面发展的网络环境,调动大学生参与高校网络思想政治教育的主动自觉,着力增强学生运用马克思主义立场观点方法认识问题、分析问题、解决问题的能力,引导学生形塑正确的理想信念、价值理念、道德观念,不断提升学生的思想水平、政治觉悟、道德品质、文明素养,使之真正成长为担当民族复兴大任的青年一代、强国一代。另一方面,应当突出教师的主导地位,聚焦培育一支愿做、善做、乐做高校网络思想政治教育工作的优秀教师队伍,进一步更新理念观念,进一步完善体制机制,激发教师网络育人的使命感,提升教师网络育人的主动性,增强教师网络育人的真本领,并且特别注重引导思想政治理论课教师、党团干部、辅导员、宣传思想工作干部等各类高校思想政治工作者跨界联动,将高校网络思想政治教育与高校思想政治理论教育、高校日常思想政治教育有机融合,实现线上线下同频共

---

　　①　吴松强．生态学视阈下高校思想政治教育的生态合力研究［J］．教育探索,2012,（9）：17-20.

振、网上网下和谐联动，做进日常、做进生活、做进心里，不断提升高校思想政治教育的针对性、实效性。

第二节　调控高校网络思想政治教育生态建设的关键路径

高校网络思想政治教育生态建设，一方面必须坚持全面的、联系的、协调的、可持续的观点和方法，另一方面必须重点把握核心生态因子、调控关键生态变量、理顺基本生态关系，致力构建高校网络思想政治教育质量评价体系调控"内生态"，致力构建高校思想政治教育融合发展模式调控"属生态"，致力构建网络环境综合治理机制调控"外生态"，进而牵引驱动建设"协调平衡、融合共生"的高校网络思想政治教育生态。

一　构建高校网络思想政治教育质量评价体系调控"内生态"建设

高校网络思想政治教育"内生态"调控，关键在于构建高校网络思想政治教育质量评价体系。把握质量评价基本原则，设计质量评价指标体系，创新质量评价路径方法，进而充分发挥高校网络思想政治教育质量评价"指挥棒"作用，牵一发而动全身，举一纲而万目张，整体牵引高校网络思想政治教育系统化、规范化、科学化建设，增强高校网络思想政治教育内生动力，平滑高校网络思想政治教育生态运行，提升高校网络思想政治教育质量实效。

（一）高校网络思想政治教育质量评价基本原则

改革开放以来，特别是 2004 年《关于进一步加强和改进大学生思想政治教育的意见》实施以来，高校思想政治教育质量评价受到高度重视，在理论和实践两个维度上形成了关于高校思想政治教育质量评价的系列基本原则①，并在理论界和实务界形成普遍共识、得到广泛运用。高校网络思想政治教育作为高校思想政治教育在互联网时代的延伸和发展，应在把握历史过程的延续性和与时俱进的时代性、评价原则的一般性和评价对象的特殊性的基础上，坚持理论联系实际、一切从实际出发，针对性、具体化地提出高校网络思想政治教育质量评价基本原则，并以之在宏观上、在整体上统领高校网络思想政治教育质量评价。

1. 坚持政治方向与根本任务相结合

在评价目标上，高校网络思想政治教育质量评价要把坚持政治方向、落实根本任务贯穿于全过程，体现于全方位。一方面，高校网络思想政治教育质量评价要把坚持马克思主义指导地位作为首要标准，坚持党对高校一切工作的领导，坚持社会主义办学方向，巩固马克思主义在网络空间的阵地，壮大马克思主义在网络空间的声音，抵制网上各种非马克思主义、反马克思主义思潮，防范马克思主义在网络空间被边缘化、空泛化、标签化，牢牢掌握网上意识形态领导权、主导权和话语权，坚决维护高校网络意识形态安全，使互联网真正成为建设具有强大凝聚力和引领力的社会主义意识形态的"最大增量"。另一方面，高校网络思

---

① 冯刚.改革开放以来高校思想政治教育质量评价的回顾与思考［J］.教学与研究，2018，（3）：86.

想政治教育质量评价要把落实立德树人根本任务作为核心指标，围绕培养担当民族复兴大任的时代新人要求，输出优秀网络作品，涵养向上网络文化，引导网络思想舆论，丰富网络资源供给，加强网络素养教育，不断提升学生思想水平、政治觉悟、网络信息获取和鉴别能力、利用网络发展自我能力、网络法治意识、网络文明素养，"培养社会发展、知识积累、文化传承、国家存续、制度运行所要求的人"①。"一切划时代的体系的真正的内容都是由于产生这些体系的那个时期的需要而形成起来的。"②高校网络思想政治教育有其鲜明的政治属性和特殊的使命任务，坚持马克思主义指导地位、落实立德树人根本任务是高校网络思想政治教育质量评价的总指针、总目标。

2. 坚持工作评价与效果评价相结合

在评价内容上，高校网络思想政治教育质量评价要对工作开展情况、网络育人效果进行一体化考察、综合性评判。一方面，高校网络思想政治教育质量评价的基础在于工作评价，对标高校网络思想政治教育目标任务、质量标准，以事实评价的方式考察高校网络思想政治教育工作开展情况，包括理念、思路、内容、形式、体制、机制、组织、资源等，即"做了没有""做到没有"。一般来讲，工作评价主要面向高校网络思想政治教育主体进行，体现基本要求，重在确保高校网络思想政治教育始终在最低阈值以上运行。另一方面，高校网络思想政治教育质量评价的根本在于效果评价，对标人才培养目标任务、高校思想政治教育

---

① 习近平在北京大学考察时强调　在北京大学师生座谈会上的讲话 [N]. 人民日报，2018－05－03（2）.

② 马克思恩格斯全集（第3卷）[M]. 北京：人民出版社，1960：544.

目标任务，以价值评价的方式考察学生思想政治素质发展状况、网络素养发展状况，即"做成没有""做优没有"。一般来讲，效果评价主要面向高校网络思想政治教育对象进行，体现本质要求，重在确保高校网络思想政治教育真正出成果、见成效。工作评价与效果评价是高校网络思想政治教育质量评价的两个基本维度，二者彼此对照、相互关联，并最终统一到效果评价上来，以效果评价作为高校网络思想政治教育质量评价的衡量尺度和评判标准。有研究者将工作评价、效果评价表述为供给侧评估、需求侧评估，强调"需求侧评估具有核心性地位，不仅是质量评价的集中体现，也是进一步衡量供给侧评估的必然要求"①。

3. 坚持全面考察与人本导向相结合

在评价重点上，高校网络思想政治教育质量评价要在坚持全面考察的前提下，把人本导向置于更加突出的位置上。一方面，高校网络思想政治教育质量评价要坚持全面考察，评价内容全面覆盖高校网络思想政治教育机构设置、人员组织、项目设计、机制建设、资源配置、经费投入、成效产出、对象发展等多要素、多环节，在此基础上形成对高校网络思想政治教育运行状况的总体掌握和综合判断，避免评价的片面性、局部性。另一方面，高校网络思想政治教育质量评价要突出人本导向，把对"人"的方面的考察置于对"物"的方面的考察之前、之上，"以人的需求是否得到满足为尺度，以人的主体性是否得以实现为标志"②。在对学生思想政治素质发展状况、网络素养发展状况进行考察的同

---

① 吴林龙. 高校思想政治教育工作质量评价的概念厘定 [J]. 思想教育研究，2018，(2)：67.

② 项久雨. 以人为本：思想政治教育主客体关系的马克思主义人学之维 [J]. 教学与研究，2016，(2)：32.

时，应当积极关注作为教育主导方的教育主体，重点考察教师培养体系、评价体系、激励机制的设计建设运行情况，重点考察教师的积极性、主动性、创造性情况，以此作为评判高校网络思想政治教育内生动力、可持续发展能力的基本依据。特别是在当前高校网络思想政治教育主体仍然比较模糊、分散的情况下，以之作为评价重点尤显必要。"在社会历史领域内进行活动的，是具有意识的、经过思虑或凭激情行动的、追求某种目的的人。"① 高校网络思想政治教育诸要素、诸环节，无一不是由教育主体发起、实施的，无一不是向教育对象提供、服务的，唯有突出人本导向，高校网络思想政治教育质量评价才能真正聚焦重点、抓住关键。

4. 坚持评价结果与反馈改进相结合

在评价运用上，高校网络思想政治教育质量评价要在形成评价结果的基础上，将评价结果反馈至前端的教育过程。一方面，高校网络思想政治教育质量评价应当形成评价结果，以此客观掌握高校网络思想政治教育开展情况，真实筛检出工作薄弱的地区和高校，以之作为督促督导的基本依据，具体筛检出存在共性的问题和难点，以之作为加强改进的目标靶向，在发现不足、查漏补缺中以及在形成压力、激发动力中推动高校网络思想政治教育整体发展、持续提升。另一方面，高校网络思想政治教育质量评价应当强化反馈改进，质量评价不仅是工作评定和价值判断的明确任务，更是反馈和改进教育过程的重要方法②，对评价结果进

---

① 马克思恩格斯选集（第4卷）[M]．北京：人民出版社，1995：247．
② 冯刚．改革开放以来高校思想政治教育质量评价的回顾与思考[J]．教学与研究，2018，(3)：83．

行深入分析的过程，同时也是对实际工作进行系统诊断的过程，对质量标准、指标体系进行"回头看"的过程，要根据评价结果特别是评价结果中反馈的建设性建议和意见，结合形势发展，把握对象特点，对实际工作、质量标准、指标体系适时做出相应调整，以更好地发挥质量评价的牵引驱动作用，提升高校网络思想政治教育科学化水平。形成评价结果和进行反馈改进是高校网络思想政治教育质量评价的两个基本目的，一为静态一为动态，一为后端一为前端，尽管运用方向、方式、侧重有所不同，但最终统一于提升高校网络思想政治教育质量这一根本上来。

（二）高校网络思想政治教育质量评价指标体系

质量评价作为教育过程的后端，是以前端的质量标准为基础进行的，"只有标准明确，才能建立起符合要求可判断可度量的评价体系"①。进入 21 世纪以来，党和国家通过制定政策、印发文件，围绕加强和改进高校网络思想政治教育提出了一系列目标任务。2004 年《关于进一步加强和改进大学生思想政治教育的意见》部署"主动占领网络思想政治教育新阵地"，明确了 6 个方面任务②；2015 年《关于进一步加强和改进新形势下高校宣传思想工作的意见》部署"创新网络思想政治教育"，明确了 8 个方面任务③；2017 年《关于加强和改进新形势下高校思想政治工作

---

① 冯刚. 改革开放以来高校思想政治教育质量评价的回顾与思考［J］. 教学与研究，2018，（3）：87.

② 中共中央　国务院发出《关于进一步加强和改进大学生思想政治教育的意见》［N］. 人民日报，2004－10－15（1）.

③ 中办、国办印发《意见》加强和改进新形势下高校宣传思想工作［N］. 人民日报，2015－01－20（1）.

的意见》部署"加强互联网思想政治工作载体建设,加强学生互动社区、主题教育网站、专业学术网站和'两微一端'建设,运用大学生喜欢的表达方式开展思想政治教育"①。与此同时,教育部相继出台系列配套文件、工作举措,推进高校网络思想政治教育目标任务落地落实,2017年《高校思想政治工作质量提升工程实施纲要》将网络育人作为"十大"育人体系之一,就网络育人的基本任务、主要内容作出明确规定、进行详细阐释。这为新形势下高校网络思想政治教育质量评价指标体系设计提供了政策层面的宏观指导和执行层面的质量标准。

1. 指标体系设计应当注重整体建构

高校网络思想政治教育不是作为一个独立系统存在,而是包裹在高校思想政治教育属系统、高等教育大系统之中,相互联系、相互作用,发生着物质、能量、信息的流动和交换,在结构和功能上形成一个有机整体。作为高校思想政治教育属系统、高等教育大系统的组成部分,高校网络思想政治教育质量评价,一方面要"目光向内"着眼高校网络思想政治教育完成本身目标任务情况进行价值判断,另一方面要"目光向外"着眼高校网络思想政治教育服务立德树人根本任务情况进行价值判断。

因此,高校网络思想政治教育质量评价指标体系设计,应当放眼全局、整体建构,在全面覆盖高校网络思想政治教育目标、内容、方法、途径等中观层面和作品开发、平台建设、舆论引导、氛围营造等微观层面的基础上,更加注重从宏观层面实施"网络强国"战略、加强网络意识形态建设、落实立德树人根本

---

① 中共中央国务院印发《关于加强和改进新形势下高校思想政治工作的意见》[N].人民日报,2017-02-28(1).

任务、提升人才培养质量等方面进行总体把握、统筹设计，力求实现指标体系与上一层级指标体系间在导向上的同声同调、相互呼应，在内容上的同向同行、相互衔接，在标准上的同质同构、相互支撑，力求成为可被上一层级指标体系采纳使用的基础指标、通用指标，进而促进高校网络思想政治教育与高校思想政治教育属系统、高等教育大系统间的协调平衡、协同发展。

2. 指标体系设计应当注重体现特性

高校网络思想政治教育是指在网络空间中基于网络环境优化实现网络环境育人的思想政治教育。高校网络思想政治教育"本身特殊的矛盾"是思想政治教育目标与网络环境间的矛盾，高校网络思想政治教育的使命任务是优化网络环境实现环境育人。[①]高校网络思想政治教育有着不同于高校思想政治理论教育、高校日常思想政治教育的特殊矛盾、使命任务。相对应地，高校网络思想政治教育也就有着不同于高校思想政治理论教育、高校日常思想政治教育的质量标准、着力侧重。

因此，高校网络思想政治教育质量评价指标体系设计，应当关照差别、体现特性，在科学厘清高校思想政治理论教育、高校日常思想政治教育、高校网络思想政治教育联系与区别的基础上，找准高校网络思想政治教育的核心着力点、主要贡献点，包括教育主体层面的网络内容开发、网络文化涵养、网络平台建设、网络舆论引导、网络安全管控、网络法治教育等，教育对象层面的思想政治素质发展、网络素养发展等，进而以之为依据定位高校网络思想政治教育质量标准，构建高校网络思想政治教育

---

① 熊钰. 高校网络思想政治教育研究［M］. 北京：光明日报出版社，2018：9－10.

质量评价指标体系，力求实现指标体系的具体化、精准化、差异化，避免因高校思想政治教育各子系统质量评价指标体系间的边界模糊、内容同质而导致评价结果上的归因困难、归责障碍。高校网络思想政治教育质量评价指标体系，应并行于高校思想政治理论教育质量评价指标体系、高校日常思想政治教育质量评价指标体系，并汇聚于整体上的高校思想政治教育质量评价指标体系。

3. 指标体系设计应当注重突出重点

高校网络思想政治教育是由诸多要素组成的复杂系统，各要素间存在着主要与次要、关键与一般的差别，主要因素、关键因素在高校网络思想政治教育发展中处于支配地位、起着支配作用，决定着高校网络思想政治教育发展的方向和质量。高校网络思想政治教育质量评价，就其出发点和落脚点而言，重点就是在于关注和掌握主要因素和关键因素、重点问题和难点问题、主要矛盾和矛盾的主要方面，以此从总体上、于要害处把控高校网络思想政治教育发展，评判高校网络思想政治教育质量。

因此，高校网络思想政治教育质量评价指标体系设计，应当聚焦关键，突出重点，从高校网络思想政治教育的人造生态属性出发，突出对高校网络思想政治教育队伍建设状况的考察，从高校网络思想政治教育的耗散结构属性出发，突出对高校网络思想政治教育资源保障状况的考察，从高校网络思想政治教育的复杂环境属性出发，突出对高校网络思想政治教育应急处置状况的考察，从高校网络思想政治教育的人才培养属性出发，突出对高校网络思想政治教育育人效果状况的考察等，并具体落实体现在评价指标层级规定、权重分配以及观测点密度安排等方面，以此充分发挥高校网络思想政治教育质量评价指标体系的导向作用，引导促进高校网络思想政治教育在把握重点、突破难点中提质增效、创新发展。

4. 指标体系设计应当注重动态调整

随着我国互联网从 Web1.0 门户时代到 Web2.0 社交时代再到 Web3.0 大互联时代的快速发展，高校网络思想政治教育经历了起步探索、加强改进、转型创新、全面发展四个阶段，经历了从校园网到新媒体、从大众传播到社交传播、从渠道建设到内容建设、从桌面互联网到移动互联网的系列转换。高校网络思想政治教育有着不断发展和完善的过程，每一阶段，高校网络思想政治教育的目标任务、技术环境是不同的，质量标准、内容形式也是不同的。可以说，"快速迭代"是高校网络思想政治教育作为"互联网＋高校思想政治教育"教育形态的鲜明特征。

因此，高校网络思想政治教育质量评价指标体系设计，应当与时俱进、动态调整，一方面应紧密结合高校网络思想政治教育的新形势新任务、新技术新应用，及时对指标体系的内容、权重做出相应调整；另一方面应深入分析高校网络思想政治教育质量评价结果中的经验与成绩、问题与不足，并将之向前反馈至指标体系调整环节，以此确保指标体系能够保持适当弹性和张力，不仅能够形成结果认知，而且能够实现过程监控，不仅能够契合现实需求，而且能够引领发展方向。需要强调的是，在高校网络思想政治教育质量评价中，质量标准是"自变量"，指标体系是"因变量"，质量标准始终是指标体系设计与调整的基本依据。

（三）高校网络思想政治教育质量评价路径方法

高校网络思想政治教育质量评价作为一种认识活动，获取资料、分析研究、做出判断、形成结论都需要基于一定的科学方法，以解决其可行性、操作性问题。而现实是，一直以来，"思想政治教育相关研究工作往往并不重视可行性，可行性问题往往被重要性或必要性遮蔽了。似乎当工作的重要性在政治上得到确认的时候，它在技术路径上的可行性自然而然也得到了确认"。①新形势下，推进高校网络思想政治教育质量评价工作，健全高校网络思想政治教育质量评价机制，必须高度重视、积极创新质量评价路径方法，因事而化、因时而进、因势而新，切实保证质量评价可行、可践、可操作、可落实。

1. 强化运用"大数据"评价方法

定性评价与定量评价相结合是高校思想政治教育质量评价的基本方法，定性评价侧重"质"的判断，对高校思想政治教育本质属性进行鉴别与确定，定量评价侧重"量"的测量，以数据指标反映高校思想政治教育的特征和水平。②而在实际操作中，运用量化指标、问卷调查、数理统计等定量方法对人特别是对人的思想进行定量评价，其可行性、可信性、合理性一直是存在着怀疑和争议的，被认为是"有困难""冒风险"的。

在互联网、大数据时代，一切都在被数据化。高校网络思想政治教育天然禀赋着互联网基因、大数据基因——高校网络思想政治教育的全过程，大学生的搜索、点击、浏览、评论、上传、下载以及社交、支付、位置等行为，都会在网上留下痕迹，这些随时随地、全面连贯、客观真实的"原始数据"由小数据汇集为大数据，通过运用数据挖掘、语义引擎、可视化分析、预测性分

---

① 刘建军. 高校思想政治教育工作质量评价的必要性、可行性及其限度 [J]. 学校党建与思想教育，2018，(6)：5.

② 赵静. 高校思想政治教育工作质量评价的基本原则 [J]. 思想教育研究，2018，(2)：71 - 72.

析以及数据质量和数据管理等大数据处理技术进行处理，使得为高校网络思想政治教育精准"画像"、为学生群体精准"画像"成为现实可能。

因此，高校网络思想政治教育质量评价应当充分运用大数据思维和技术，革新理念方法，优化底层架构，基于高校网络思想政治教育目标任务、指标体系，开发高校网络思想政治教育精准"画像"和学生群体精准"画像"模型和算法，通过数据采集、清洗、整理、分析，基于"依据工作判断效果""依据行为判断思想"原则，开展原始数据的准备性评价、动态数据的过程性评价和关联数据的结果性评价[1]，勾画高校网络思想政治教育状态与全景，勾画学生思想成长发展状态与趋势，揭示高校网络思想政治教育与学生思想成长发展的相关性，揭示学生行为动态与思想状态的相关性。在此基础上，为高校网络思想政治教育质性研究、定性评价提供更客观、精准、科学、全面、动态、多维的数据基础和判断依据，最终实现"在定性评价的基础上进行定量分析，再以之为依据深化量和质结合的分析、比较、综合，在更高层次上进行定性评价，达到定性评价与定量评价的有机统一"[2]。

2. 强化运用多元社会评价方法

一般来讲，高校思想政治教育质量评价主要是以各级教育行政部门、高校以及高校内设部门、院系为主体组织实施的，此一科层式评价机制有利于保证质量评价的方向性、权威性，更好地体现质量评价的督导性、强制性。在高校网络思想政治教育质量

---

① 付安玲. 大数据时代思想政治教育评价的数字化变革 [J]. 思想理论教育导刊，2019，(4)：129.

② 冯刚. 思想政治教育工作质量评价的时代特征 [J]. 思想教育研究，2018，(5)：69.

评价中，科层式评价机制仍是主要评价机制。

同时应当看到，"在网络化的组织结构中，信息源不可能是高度集中与唯一的，而是分散的、众多的。多层少点的金字塔结构演变成层少点多的扁平化结构"。① 高校网络思想政治教育是在网络空间中展开的，其环境、主体、对象、效用的泛在性、开放性、外部性，决定了其质量评价不应囿于教育系统、高校围墙之内，而应充分考虑社会效应，引入社会组织、第三方，运用多元社会评价方法，比如引入网络传媒机构对网络文创作品质量的评价，引入网络数据机构对"两微一端"流量的评价，引入网络调查机构对网络素养发展状况的评价，引入网络监测机构对网络舆情事件发展的评价等。这些评价真实客观地体现了社会组织、第三方对高校网络思想政治教育某一领域、某一方面情况的专业评测意见，具有很强的参考借鉴意义，能为高校网络思想政治教育质量评价提供有力支撑和有益辅助，提升高校网络思想政治教育质量评价的全面性、信效度、说服力。

从更深层次看，引入社会组织、第三方作为评价主体参与评价，有利于对冲高校网络思想政治教育育人效果的长期性、潜隐性特征，从更广空间范围、更大时间跨度中把握高校网络思想政治教育育人实效；有利于对冲高校网络思想政治教育质量评价的复杂性、专业性特征，在借鉴多学科评价理论和方法中提升高校网络思想政治教育质量评价效能；有利于引导全社会在参与评价中更深刻地认识、认可高校网络思想政治教育的成效和价值，为高校网络思想政治教育创新发展营造良好的外部环境。总之，引

---

① 刘文富. 网络政治——网络社会与国家治理 [M]. 北京：商务印书馆，2002：83.

入社会组织、第三方，运用多元社会评价方法，有利于"扭转不科学的教育评价导向"，"从根本上解决教育评价指挥棒问题"[①]，应当成为高校网络思想政治教育质量评价的基本方法之一。

3. 强化运用典型事件评价方法

在高校思想政治教育质量评价中，评价内容的覆盖面、指标的细密度、周期的长期性，与评价结果的全面性、科学性、可靠性之间呈正相关关系。因此，高校思想政治教育质量评价天然有着"大而全"的冲动，导致质量评价摊子越铺越大，战线越拉越长，评价质量与评价效率的矛盾长期存在、日益凸显。此一矛盾，在具有鲜明多主体性、多领域性、多交叉性特征的高校网络思想政治教育中表现尤为突出。

一般来讲，高校网络思想政治教育可视为由横向上的各要素和纵向上的各事件组成的"双链条"结构，其中，事件关联、调用、组织着要素，反映要素的状态、功能、关系。因此，高校网络思想政治教育质量评价所要求的对各要素的考察，可转换为对各事件的考察，可以运用典型事件评价方法，择取具有典型性、代表性的事件，以之为观测样本考察高校网络思想政治教育组织体系、运行机制、内容开发、平台建设、队伍培养、资源保障等各要素的响应情况、运行状态、协作关系与产出效果，比如择取学习宣传贯彻党的十九大精神事件、学习宣传贯彻全国教育大会精神事件、庆祝中华人民共和国成立70周年事件、抗击新型冠状病毒引发的肺炎事件等开展高校网络思想政治教育质量评价，

---

① 习近平在全国教育大会上强调　坚持中国特色社会主义教育发展道路　培养德智体美劳全面发展的社会主义建设者和接班人［N］．人民日报，2018－09－11（1）．

以此以小见大、见微知著、从部分看整体，实现对高校网络思想政治教育的评价。

典型事件评价方法，显著优势在于能够极大地提高高校网络思想政治教育质量评价效率，使得高校网络思想政治教育质量评价真正可以落在日常、做在经常，推动高校网络思想政治教育不断总结经验、克服不足、实现创新发展。与此同时，高校网络思想政治教育具有鲜明的阶段性、现实性特征，应与社会重大事件、热点事件同频共振、同声相合，运用典型事件评价方法考察高校网络思想政治教育在重要时间节点、重大保障期的开展情况，能够更好地推动高校网络思想政治教育真正紧跟时代、回应关切、发挥自身优势。

4. 强化运用负面清单评价方法

一直以来，高校思想政治教育质量评价存在着偏重选拔性评价、择优性评价的倾向，较为重视培育典型、选树标杆，激发和释放内生动力，相对忽视标明红线、划清底线，形成和压实监督压力。高校网络思想政治教育质量评价亦是如此。

高校网络思想政治教育有着鲜明的意识形态色彩和政治属性，这便决定了高校网络思想政治教育不容有丝毫闪失和失误，否则极易引发关注、形成舆情，造成"火烧消防队""水淹龙王庙"的严重负面影响。而现实是，高校网络思想政治教育作为一种新的教育形态，较之高校思想政治理论教育、高校日常思想政治教育，基础差、底子薄，在制度建设、管理体制等方面仍很不健全，还存在诸多风险，比如，高校各色各样的官方、半官方微博、微信公众号、App 数不胜数，存在的网络安全问题、管理权限问题、内容审核问题、队伍管理问题十分突出，加之各种敌对势力的渗透、干扰、破坏、攻击，稍有不慎就容易发生"往河里丢石头"，造成"大型翻车现场"。

为此，高校网络思想政治教育质量评价应当重视运用负面清单评价方法，站在"意识形态工作是党的一项极端重要的工作"、①"互联网已经成为舆论斗争的主战场"②的战略高度，遵循习近平总书记"正能量是总要求，管得住是硬道理，用得好是真本事"③的指示精神，紧盯当前高校网络思想政治教育中存在的突出问题和风险，运用负面清单评价方法，明确安全管理、权限管理、内容管理、队伍管理等方面的负面清单，并按严重等级进行不同程度划分④，以此督促指导高校优先建立完善高校网络思想政治教育相关管理制度、工作举措，切实做到不碰红线、不触底线、不犯低级错误，传播好声音、传递正能量、讲好中国故事，防范发生"黑天鹅"和"灰犀牛"事件，进而保证高校网络思想政治教育始终坚持正确政治方向、正面舆论导向。

二 构建高校思想政治教育融合发展模式调控"属生态"建设

高校网络思想政治教育"属生态"调控，关键在于构建高校思想政治教育融合发展模式。当前，面向加强和改进新形势下高

---

① 中办、国办印发《意见》加强和改进新形势下高校宣传思想工作［N］.人民日报，2015－01－20（1）.
② 习近平总书记系列重要讲话读本［M］.北京：学习出版社，人民出版社，2016：204.
③ 习近平.加快推动媒体融合发展 构建全媒体传播格局［J］.求是，2019，（6）：7.
④ 冯刚，严帅.新时代大学生思想政治教育工作质量评价的方法和路径［J］.国家教育行政学院学报，2019，（5）：51.

校思想政治教育任务要求，高校思想政治教育子系统各自为政、大系统合力不足问题日趋凸显，成为制约高校思想政治教育子系统功能发挥、大系统质量提升的核心问题，亟待树立高校思想政治教育融合发展理念，构建高校思想政治教育融合发展模式，形成高校思想政治教育融合发展格局，以此构建高校思想政治教育大系统良好生态，为高校思想政治理论教育、高校日常思想政治教育、高校网络思想政治教育内涵建设、质量提升、创新发展创造良好"属生态"环境。

（一）高校思想政治教育融合发展基本内涵

融合发展，是新时代的发展新理念、新模式。党的十八大以来，习近平总书记在多个领域、多个场合对融合发展理念进行了深刻阐述，就军民融合、城乡融合、三产融合、文旅融合、媒体融合等做出了周密部署，为树立融合发展理念、推进融合发展实践提供了认识论和方法论上的指导。融合发展，"融"是核心，"合"是路径，"发展"是目标。在发展理念上，融合发展是大系统发展，在把握相关系统间内在联系的基础上，从整体上规划发展目标、设计发展路径，以整体发展带动局部发展，以局部发展促进整体发展。在发展目标上，融合发展是高质量发展，在厘清相关系统间互补关系的基础上，从根本上破除藩篱桎梏、突破瓶颈障碍，构建更加和谐的发展生态，创造更加广阔的发展空间。在发展路径上，融合发展是新形态发展，在解析相关系统间融合机理的基础上，从运行上变革体制机制、调整要素关系，实现简单"相加"到深度"相融"，完成"物理变化"到"化学变化"。

高校思想政治教育融合发展，是新时代融合发展理念下高校思想政治教育创新发展的新模式，是指紧紧围绕高校思想政治教育使命任务，高校思想政治理论教育、高校日常思想政治教育、高校网络思想政治教育三个基本子系统在主体、客体、介体、环体上的全要素整合，在计划、组织、领导、控制上的全流程再造，在课堂、课外、网络上的全领域协作，构建一个一体化、多形态、多落点的高校思想政治教育大系统。在高校思想政治教育融合发展模式下，高校思想政治理论教育、高校日常思想政治教育、高校网络思想政治教育在高校思想政治教育大系统目标下定位，在高校思想政治教育子系统协同中发展，尽管教育形态仍然形式上存在，但是教育边界已被实质打破，不再强调属性独立，不再要求要素独有，变"独奏"为"合奏"，变"求和"为"求合"，变"你就是你""我就是我"为"你中有我""我中有你""你就是我""我就是你"，高校思想政治教育在大系统视野中孕生新形态，在新形态孕生中获得高质量发展。

（二）高校思想政治教育融合发展内在逻辑

高校思想政治教育融合发展的提出，是马克思主义"同自己时代的现实世界接触并相互作用"① 的必然结果，是新形势下高校思想政治教育内涵建设、质量提升的现实选择，是互联网新技术、新思维、新模式的具象表达，有其鲜明而深刻的理论逻辑、现实逻辑和技术逻辑。

1. 理论逻辑：马克思主义关于普遍联系的基本原理

普遍联系的观点是马克思主义唯物辩证法的基本观点之一。恩格斯深刻地指出："当我们通过思维来考察自然界或人类历史

---

① 马克思恩格斯全集（第 1 卷）[M].北京：人民出版社，1995：220.

或我们自己的精神活动的时候，首先呈现在我们眼前的，是一幅由种种联系和相互作用无穷无尽地交织起来的画面。"① "辩证法是关于普遍联系的科学"②，"辩证法在考察事物及其在头脑中的反映时，本质上是从它们的联系、它们的连结、它们的运动、它们的产生和消失方面去考察"。③

马克思主义普遍联系的观点构成了高校思想政治教育融合发展的理论根基。从马克思主义普遍联系的观点出发，新形势下推进高校思想政治教育创新发展，必须树立整体发展观念、融合发展理念，从整体上认识和把握高校思想政治理论教育、高校日常思想政治教育、高校网络思想政治教育各子系统间相互影响、相互制约、相互作用的关系，从整体上认识和把握高校思想政治教育主体、客体、介体、环体各要素间相互影响、相互制约、相互作用的关系，从整体上认识和把握高校思想政治教育体制、机制、模式、形态各模块间相互影响、相互制约、相互作用的关系，在此基础上认识和把握高校思想政治教育规律，规划和构建高校思想政治教育体系，推进和创新高校思想政治教育实践，提升和增进高校思想政治教育实效。

2. 现实逻辑：高校思想政治教育内涵式发展的内在要求

党的十九大报告明确了"实现高等教育内涵式发展"的目标要求。高等教育的根本任务是立德树人，作为立德树人实践方式的高校思想政治教育理应是高等教育内涵式发展的灵魂，实现高等教育内涵式发展应当以实现高校思想政治教育内涵式发展为前

---

① 马克思恩格斯选集（第 3 卷）［M］. 北京：人民出版社，2012：395.
② 马克思恩格斯全集（第 20 卷）［M］. 北京：人民出版社，1971：357.
③ 马克思恩格斯全集（第 19 卷）［M］. 北京：人民出版社，1963：222.

提。① 在推进高等教育内涵式发展的宏观背景下，当前高校思想政治教育主要矛盾已经发生转化，从需求侧看，高校思想政治教育社会需求定位为立德树人、培养时代新人，高校思想政治教育个人需求定位为全面发展、提升综合素质；从供给侧看，高校思想政治教育发展重心已从注重资源投入、规模扩张的外延式发展转向注重内涵建设、质量提升的内涵式发展。

新形势下，推进高校思想政治教育内涵式发展，根本在于把握质量要求、质量标准，突出问题意识、问题导向，转换理念观念、体制机制，集中破解长期制约高校思想政治教育质量提升的若干关键问题、痼疾问题。其中，一个基本方面是要聚焦长期以来高校思想政治教育课上课下"两张皮"、网上网下"两条线"的发展困局，树立融合发展理念，构建融合发展模式，以高校思想政治教育质量提升为中心，以高校思想政治教育体制变革为抓手，拆除壁垒、破除坚冰、盘活存量、开发增量，全面提升高校思想政治教育质量。

3. 技术逻辑：互联网万物互联技术属性的底层驱动

互联网的技术本质是"连接"，从 Web1.0 "门户时代" 到 Web2.0 "社交时代" 再到现今 Web3.0 "大互联时代"，互联网呈现为一种"任何人、任何物、任何时间、任何地点，永远在线、随时互动"的存在形态②；随着光脑的推出、5G 技术的发展以及"天空飘来的 Wi-Fi 信号"成为可能，"连接一切"的终端网络时代终将到来③。互联网"连接一切"的技术特征，深刻地

---

① 邓宇，王立仁．传统与现代的融合：新时代高校网络思想政治教育发展审思[J]．延边大学学报（社会科学版），2019，(5)：134.

② 赵大伟．互联网思维"独孤九剑"[M]．北京：机械工业出版社，2014：9.

③ 陈力丹．互联网重构了我们的社会生活 [J]．新闻界，2017，(1)：30-31.

影响和改变着人类经济、政治、文化、社会各个领域，当然也包括高校思想政治教育领域的运行逻辑，使得融合发展成为高校思想政治教育创新发展的必然路向、应有之义。

在互联网时代，一方面，互联网技术已经成为高校思想政治教育各子系统的通用技术工具，另一方面互联网思维已经成为高校思想政治教育各子系统的共同思维方式。互联网正在以其天然禀赋的"融"基因、"合"动力，牵引高校思想政治教育子系统融合发展，导引高校思想政治教育子系统在高校思想政治教育大系统中汇流汇聚、集中集成，形成高校思想政治教育大系统整体合力。"加思维""加模式"下的"高校思想政治教育＋互联网"与"互联网＋高校思想政治教育"争论正在为新生的"融思维""融模式"下的高校思想政治教育融合发展所捏合在一起。

（三）高校思想政治教育融合发展实现路径

习近平总书记强调指出："加强和创新社会治理，关键在体制创新，核心是人。"① 新形势下，推进高校思想政治教育融合发展，涉及高校思想政治教育方方面面，重中之重是要在体制变革、主体协同、形态重塑三个关键点上集中着力、系统推进。

1. 深化高校思想政治教育体制变革

高校思想政治教育融合发展，首先触及的是高校思想政治教育体制问题。现行高校思想政治教育体制的建立完善是一个历史的、发展的过程。新中国成立70多年来，党和国家高度重视高

---

① 习近平在参加上海代表团审议时强调 推进中国上海自由贸易试验区建设 加强和创新特大城市社会治理 ［N］. 人民日报，2014－03－06（1）.

校思想政治教育，以思想政治理论课建设为中心逐步建立起了高校思想政治理论教育体系，以辅导员制度建设为中心逐步建立起了高校日常思想政治教育①体系，以思想政治教育进网络为中心逐步建立起了高校网络思想政治教育体系，形成了高校思想政治教育"三马拉车"的格局。应当看到的是，一方面，高校思想政治教育三个子系统的建成，提供了融合发展的基础，使得融合发展成为一定发展条件下的现实可能；另一方面，高校思想政治教育三个子系统的发展，内生了融合发展的动力，使得融合发展成为一定发展阶段下的必然趋势。现行体制对于融合发展而言，不是障碍而是基础，不是阻力而是动力；融合发展对于现行体制而言，不是否定而是完善，不是颠覆而是超越。

高校思想政治教育融合发展下的高校思想政治教育体制变革，主要涉及高校思想政治教育组织体系、顶层设计以及运行机制等方面。一是要深化"组织变革"，实行高校思想政治教育"大部门制"，推进高校思想政治理论教育实施部门、高校日常思想政治教育实施部门、高校网络思想政治教育实施部门"三部合一"，实现高校思想政治教育组织体系由"机构分立"转向"机构一体"，由"多头指挥"转向"一头指挥"，从组织上保证高校思想政治教育统一规划、统一部署、统一行动。二是要深化"评价变革"，实行高校思想政治教育"整体评价"，推进高校思想政治理论教育质量评价、高校日常思想政治教育质量评价、高校网络思想政治教育质量评价"三评合一"，变革现行高校思想政治教育质量评价在一级指标、二级指标以及测评标准上分别观

---

① "大学生日常思想政治教育"概念是在2006年全国高校辅导员队伍建设工作会议上首次提出的。

测、分别评价①的做法，整体设计高校思想政治教育质量标准、指标体系，充分发挥质量评价的"指挥棒"作用，从顶层上牵引高校思想政治教育整体建设、融合发展。三是要深化"机制变革"，实行高校思想政治教育"转模运行"，推进高校思想政治理论教育运行模式、高校日常思想政治教育运行模式、高校网络思想政治教育运行模式"三模合一"，高校思想政治教育运行机制从"以渠道定内容"转向"以内容定渠道"，从"考虑能做什么"转向"考虑该做什么"，亦即转换内容与渠道间的主从关系，优先确定内容而后选择投放渠道，而非优先确定渠道而后填充内容。需要强调的是，高校思想政治教育融合发展下的体制变革，绝非简单地在机构设置上"一合了之""一并了之"，深化高校思想政治教育评价体系变革、运行机制变革才是高校思想政治教育体制变革的关键所在。

2. 加强高校思想政治教育主体协同

高校思想政治教育融合发展，最为核心的是高校思想政治教育主体问题。当前，高校思想政治教育主要依托三类主体开展，即负责高校思想政治理论教育的思想政治理论课教师，负责高校日常思想政治教育的辅导员、党团干部等，以及负责高校网络思想政治教育的宣传思想工作干部等。各类高校思想政治教育主体围绕立德树人根本任务，"守好一段渠，种好责任田"，在各自的阵地上构建起了各有侧重、各具特色的内容体系、方法体系和管理体系，有力地推进了高校思想政治教育加强改进、创新发展。2004 年中央 16 号文件特别是 2016 年中央 31 号文件印发以来，

---

① 中共中央宣传部　教育部关于印发《全国大学生思想政治教育工作测评体系（试行）》的通知（教思政〔2012〕2 号）［Z］.2012 – 02 – 15.

随着高校思想政治教育内涵建设、质量提升的深入，三类主体在加强和改进工作中越来越清晰地认识到自身渠道方法的局限，在创新和发展工作中越来越强烈地产生了伙伴协同配合的要求。推进高校思想政治教育融合发展，成为各类高校思想政治教育主体的普遍共识和共同愿望。

高校思想政治教育融合发展下的高校思想政治教育主体协同，就是在体制变革的基础上进一步促进高校思想政治教育主体融为一体、形成合力。一是要破除"空间隔断"，设置教育主体协同工作空间，推进高校思想政治理论教育教研室、高校日常思想政治教育办公室、高校网络思想政治教育采编室"三室合一"，打破教育主体间的空间界限，消弭教育主体间的空间距离，实现各教育主体在统一工作空间中的高频接触、深度沟通、亲密合作。二是要破除"素质隔断"，优化教育主体素质提升策略，推进高校思想政治理论教育队伍培养、高校日常思想政治教育队伍培养、高校网络思想政治教育队伍培养"三培合一"，在全形态、宽口径的培养培训中，引导教育主体树立协同理念、形成协同思维、提升协同能力，促进教育主体素质发展"一专多能"、协同工作"有心有力"，在高校思想政治教育中更好地找准定位、扮好角色、实现价值。三是要破除"身份隔断"，建立教育主体综合考核体系，推进专任教师职称评审规则、管理人员职级评聘规则、领导干部职务晋升规则"三规合一"，从高校思想政治理论教育、高校日常思想政治教育、高校网络思想政治教育三个维度上综合考核教育主体工作业绩、育人实效，消除教育主体本位思想，增强教育主体协同意愿，激励教育主体在专注主业的同时主动跨界作为、协同作为、补位作为。可以打个比方，在以往高校思想政治教育中，教育主体参加的是乒乓球、羽毛球这类的个人竞技项目，强调的是个人能力；在当今高校思想政治教育中，教育主体所参加的是足球、篮球这类的集体竞技项目，不仅强调个人能力，更加强调团队合作。

3. 推进高校思想政治教育形态重塑

高校思想政治教育融合发展，最终是要落脚到高校思想政治教育形态上。眼下，高校思想政治教育整体上呈现为高校思想政治理论教育、高校日常思想政治教育、高校网络思想政治教育三种基本形态，构建了第一、第二、第三课堂的教育格局，实现了课堂、课外、网络的全面覆盖，推进了理想信念、价值理念、道德观念的有效引导。与此同时，各教育形态"分工干活""分灶吃饭"也逐渐暴露出若干问题，突出地表现为教育内容互联不紧、教育渠道互通不畅、教育形态互动不足，存在着教育内容重复、教育协同散乱、教育资源堆积的问题，妨碍了教育整体的构建、教育合力的形成、教育增值的实现，这已成为制约高校思想政治教育内涵建设、质量提升的关键症结所在。在问题导向下，高校思想政治教育形态重塑自然而然地被提上重要议程，成为高校思想政治教育理论研究的新热点、实践探索的新重点。实际上，高校思想政治教育形态重塑正在某些领域、某些高校中进行着初步的、小规模的探索和实验。

高校思想政治教育融合发展下的高校思想政治教育形态重塑，就是在体制变革、主体协同的基础上更进一步实现高校思想政治教育形态重组重建、再生再造。一是进行"内容重组"，围绕实现高校思想政治教育目标，推进高校思想政治理论教育课程教案、高校日常思想政治教育实施方案、高校网络思想政治教育采编文案"三案合一"，内容相互介入，资源相互嵌入，方法相互接入，实现高校思想政治教育内容一体化构建、多形态呈现，更具整体性、集约性和说服力。二是进行"终端重组"，着眼提升高校思想政治教育实效，推进高校思想政治理论教育终端、高校日常思想政治教育终端、高校网络思想政治教育终端"三端合一"，各教育终端围绕教育内容进行排列组合，课内课外、网上网下，同步投放、同声相应，"分工而不分家""形散而神不散"，叠加放大教育声音，协同生成教育增量。三是进行"流量重组"，致力强化高校思想政治教育整体，推进高校思想政治理论教育对象流量、高校日常思想政治教育对象流量、高校网络思想政治教育对象流量"三流合一"，各教育形态互为入口、关联绑定、链接推送，实现教育情境相互跳转，教育素材相互拉入，促进大学生在高校思想政治教育不同情境中实现知情意信行不同维度的平衡发展。值得注意的是，高校思想政治教育形态重塑的目标并非要走向单一形态，而是要在把握各教育形态的规律性、侧重点、适用面的基础上谋求多形态的共荣共生、互促互进。

三　构建网络环境综合治理机制调控"外生态"建设

高校网络思想政治教育"外生态"调控，关键在于构建网络环境综合治理机制。网络环境是高校网络思想政治教育身处的宏观背景、面临的最大变量、推进的关键要素，网络环境直接关乎高校网络思想政治教育效果乃至成败。因此，高校网络思想政治教育生态建设，在加强"内生态""属生态"调控的同时，需要特别重视加强"外生态"调控，构建网络环境综合治理机制，法律规制、政府监管和行业自律三管齐下，维护网络空间秩序，打造清朗网络空间，为高校网络思想政治教育运行提供良好的外部环境。①

（一） 加强法律规制推进网络环境治理

法治，是形成一个社会政治、经济乃至文化秩序的基础，是一种"元秩序"。② 法治是现代社会治理的基本方式，现实社会需要依法治理，网络空间亦需依法治理。在实践中，依法治网是世界各国的通行做法和普遍经验。1996 年 2 月 1 日《中华人民共和国计算机信息网络国际联网管理暂行规定》颁布以来，我国互联网立法取得了长足发展，形成了基本框架，特别是 2017 年 6 月 1 日《中华人民共和国网络安全法》的施行，以及 2020 年 3 月 1 日《网络信息内容生态治理规定》的施行，为互联网治理提供了有力的法律保障。当前，推进网络环境治理，我国互联网法律规制还需在以下三个方面进一步加强。

第一，进一步规范互联网立法行为。"我国有关互联网管理的法律法规在数量上已经形成一定规模，但是相关法律法规尚未构成一个完整、系统、条理清晰的法律体系。"③ 究其原因，根本在于我国互联网的多头立法、交叉立法。从实际看，我国互联网管理规章制定主体包括：工业和信息化部、国家互联网信息办公室、公安部、卫生部、文化部、教育部、国家新闻出版广电总局等多个国家部委，由此导致九龙治水、政出多门，"铁路警察、各管一段"。法律是治国之重器，良法是善治之前提。

---

① 熊钰. 高校网络思想政治教育研究［M］. 北京：光明日报出版社，2018：52-69.
② 於兴中. 法治是一种文明秩序［N］. 检察日报，2015-03-19（3）.
③ 谢永江，纪凡凯. 论我国互联网管理立法的完善［J］. 国家行政学院学报，2010，（5）：96.

因此，加强互联网立法，应当进一步规范立法行为，加强立法协调，及时梳理修订现行互联网法律、法规、规章，在纵向上统筹考虑，在横向上有效协调，进一步提升互联网立法的整体性、协调性和规范性，构建系统、科学、规范的互联网法律体系。

第二，进一步提高互联网立法层级。在我国现行上百部互联网法律法规中，仅有《全国人民代表大会常务委员会关于维护互联网安全的决定》（2000）、《中华人民共和国电子签名法》（2004）、《中华人民共和国侵权责任法》（2009）、《全国人民代表大会常务委员会关于加强网络信息保护的决定》（2012）、《中华人民共和国网络安全法》（2017）5部属于法律，其他绝大多数属于部门规章、地方性法规、地方政府规章，立法层次较低，法律效力较低，适用范围有限。相较而言，美国、英国等世界发达国家互联网立法多为国会（议会）立法，法律层级较高，法律效力较高。因此，加强互联网立法，应当将互联网基本立法权力集中到全国人大，主要以出台法律形式规范互联网管理，这是互联网治理的重要性和紧迫性所要求的，有利于推进依法办网、依法上网、依法管网，推进网络空间治理法治化。

第三，进一步加大互联网执法力度。党的十八届四中全会提出："法律的生命力在于实施，法律的权威也在于实施，全面推进依法治国，重点就在于保证法律严格实施，做到严格执法。"当前，淫秽、色情、暴力、恐怖、反动、虚假信息等非法网络信息以及网络暴力、网络诈骗、侵犯隐私、人肉搜索、人身攻击等非法网络行为时有发生、屡禁不止，直接原因在于执法力度不大，违法行为未能得到及时而严厉的惩处，有法不依、执法不严现象仍在一定范围一定程度存在。因此，加强互联网立法，必须加强互联网执法，增强依法治网的力度、精度、信度，增加违法成本，降低守法成本，使上网者不敢、不能、不想违法，进而构建网络空间秩序，营造安全、文明、有序的网络环境。

（二）加强政府监管推进网络环境治理

突尼斯高峰会议（2005）提出："互联网治理是指政府、私营部门和公民社会在发挥各自角色的基础上共同发展和应用一致的原则、规范、规则、共同制定政策以及发展和开展各类项目的过程，其目的是促进互联网的发展和使用。"可见，政府监管是互联网治理必不可少的重要方面和重要环节。近些年来，我国在集中打击整治网络色情、网络谣言、网络犯罪等方面积累了丰富经验，取得了明显成效，有力地促进了网络空间的干净与清朗。当前，推进网络环境治理，我国互联网政府监管还需在以下三个方面进一步改进。

第一，进一步注意政府依法监管问题。对于我国个别地方政府的个别监管行为，有学者亦提出了质疑意见："《宪法》第四十条规定：'中华人民共和国公民的通信自由和通信秘密受法律的保护。除因国家安全或者追查刑事犯罪的需要，由公安机关或者检察机关依照法律规定的程序对通信进行检查外，任何组织或者个人不得以任何理由侵犯公民的通信自由和通信秘密。'然而有关政府部门，责令'既非公安机关，也非检察机关'的电信运营商，过滤'既不牵涉国家安全，也不算重大刑事犯罪'的黄色短信，存在违法违宪嫌疑。"① 因此，政府监管一定要在法治的框架

---

① 国务院新闻办主任：中国将立法管理互联网［J］．国际新闻界，2010，（5）：50.

下进行，必须于法有据、有法可依。正如国家互联网信息办公室负责人在回应外媒"中国政府已经牢牢地管住了互联网"和"中国要管住互联网无异于将果冻钉到墙上"评论时所讲的："中国的治网之道其最根本的就是坚持依法治网"，"依照法律来加强网络空间的治理"。①

第二，进一步促进行业自律作用发挥。从技术上讲，控制信息扩散的方式有两种：一是封闭信息传播源头，例如封杀某些网站的 IP 地址。但是，对于信息接收者来说，可以通过代理服务器等方式访问被屏蔽的网站；对于信息传播者来说，网络存在无数的传播平台，一个被封闭，可以另寻别的传播平台。因此，完全封闭信息传播源头是很难做到的。二是阻断信息传播路径，例如阻止信息转发。但是，网络是一个全连通的结构，是由人的社会关系连接的社会网络，信息传播路径并非唯一的。因此，完全控制信息传播路径也是很难做到的。② 因此，互联网治理离不开政府监管，但又不能仅仅依靠政府监管，而应重视发挥行业的自律作用，推动形成政府主导下的政府—网络运营商—公众多方联动监管体系和监管机制，积极建构互联网多方共治模式。

第三，进一步加强网民宣传教育工作。互联网治理既要依靠政府，更要依靠社会公众，新加坡政府特别重视加强公众网络素养教育，提高公众对网络不良信息的自觉过滤意识和必要处置技能，否则政府监管必将是曲高和寡、妙伎难工。因此，加强我国互联网内容管理，必须高度重视社会公众宣传教育，通过宣传教

① 国信办主任逐一回答外媒对中国互联网管理问题疑问［EB/OL］. 凤凰网，http://news.ifeng.com/a/20141030/42338817_0.shtml.
② 彭兰. 网络传播概论［M］. 北京：中国人民大学出版社，2012：244-245.

育提高社会公众的网络规范意识、网络道德素质、信息辨别能力，引导社会公众自觉守法上网、文明上网、安全上网。

（三）加强行业自律推进网络环境治理

世界各国互联网治理模式大致可以分为两类："政府主导模式"和"政府指导行业自律模式"。"政府主导模式"强调政府在互联网治理中的作用，通过政府立法和技术过滤进行互联网治理。"政府指导行业自律模式"倚重互联网业界的自律和规范，在立法规范的同时，着重强调行业自身的网络分级和从业者的自律规范。[①] 中国、德国、新加坡、澳大利亚是政府主导模式的典型代表，英国、美国、日本、加拿大则是政府指导行业自律模式的典型代表。一般而言，政府监管、行业自律均是互联网治理的必不可少的重要方式，二者相互补充、缺一不可，不宜简单切割、非此即彼。行业自律相比政府监管，具有覆盖全、效率高、成本低的显著优势，在互联网治理体系中具有重要意义，是互联网治理的治标之道与长远之策。近些年来，我国互联网行业自律已经形成了自身清晰的自律理念、完整的规范体系、健全的工作机制、鲜明的中国特色，在互联网治理方面成绩显著、成效斐然。当前，推进网络环境治理，我国互联网行业自律还需在以下三个方面进一步完善。

第一，进一步明确行业自律组织性质。中国互联网协会的业务主管单位是工业和信息化部，带有一定官方背景、官方色彩。这与 IWF 的非政府、完全独立机构性质有所不同。由此，在其治

---

① 赵水忠．世界各国互联网管理一览［J］．中国电子与网络出版，2002，(10)：8．

理行为属于行业自律还是政府监管的问题上，容易存在边界不清、认识模糊、观点分歧。某种意义上讲，此为制约我国互联网行业自律发展的首要问题。因此，加强我国互联网行业自律，应尽可能地剥离中国互联网协会的官方背景，使其以完全独立机构身份代表行业进行互联网治理，这有利于减少政府行为的单方面影响，有利于增进业内各方的一致性认同，促进行业自律组织更加自主、更加灵活地履行管理职能，进而形成行业自律与政府监管既相互区分又形成互补的互联网治理格局。

第二，进一步强化行业自律法律保障。互联网行业自律，需要完善行业自律规范，更需强化行业法律保障。"英国虽然是不成文法，也没有关于互联网管理的专门法律，但其法律体系非常成熟，以至所有涉及自律的违法行为都可以追溯到相关法律，并予惩处。"① 而在我国，举报中心对存在违法和不良信息问题较为严重的网站只能进行"公开点名""曝光谴责"，缺乏实质性制裁措施。因此，加强我国互联网行业自律，应加紧推进互联网领域立法，为自律规范划定法律底线，为自律行为提供法律支持，切实实现互联网行业自律各个层面各个领域有法可依、有法必依、执法必严、违法必究，真正以法律保障行业自律规范的刚性执行、刚性约束。

第三，进一步推进网络内容分级制度。网络内容分级是互联网行业自律的重要方面，英国、德国、美国、韩国等发达国家普遍实行互联网内容分级制度，在避免青少年接触网上不宜信息方面发挥了有效作用。我国曾在 2009 年推行预装"绿坝——花季

---

① 徐颖．英国互联网行业自律及其启示［D］．华中科技大学硕士学位论文，2010：32.

护航"绿色上网过滤软件,但是由于"绿坝"软件存在安全漏洞、功能 BUG,尤其是"绿坝"软件无法准确识别相关信息,例如误判拦截大量肉色图片(如加菲猫),遭到社会公众的抵制而以失败告终。[①]"绿坝"的失败并不代表互联网内容分级制度的失败。根据《中国青年报》在线调查,72.4%的受访者赞成网络分级,62.1%的受访者希望采用技术手段实现网络内容分级与过滤。[②] 因此,加强我国互联网行业自律,应继续从立法、标准、管理、技术各个方面寻求突破,推进互联网内容分级制度。

第三节　把握高校网络思想政治教育
生态建设的内在要求

高校网络思想政治教育生态建设,是推进高校网络思想政治教育全景式、全域式、全程式展开的动力总成。可以预见,伴随高校网络思想政治教育质量评价体系、高校思想政治教育融合发展模式、网络环境综合治理机制的建立和完善,高校网络思想政治教育生态建设必将获得丰沛动力,持续向好发展。其间,推进高校网络思想政治教育生态建设,特别需要深刻认识和准确把握网络素养、资源供给、生态平衡三个方面内在要求。

---

① 李喆. 互联网内容分级管理制度研究 [J]. 东南传播, 2015, (11): 53 –
54.

② 黄冲, 娜迪亚. 调查显示 72.4% 的人赞成网络分级 [N]. 中国青年报,
2010 – 01 – 07 (7).

一　提升大学生网络素养水平

网络素养，是指在网络社会中个体实现自身全面发展所需具备的素质的总和，具体包括四个层面：在知识层面上，具备网络社会的基本知识，表现为了解网络的基本概念、基本原理、结构类型、软件硬件、发展历史、信息资源、法律法规、道德规范等；在能力层面上，掌握网络社会的基本技能，表现为能够有效获取、辨识、应用、创造信息等；在道德层面上，遵守网络社会的道德规范，表现为养成正确的网络道德观，自觉遵守网络法律法规和行为规范；在心理层面上，适应网络社会的生存环境，表现为能以积极正面的精神状态、情绪状态参与网络活动。网络素养表现为两种样态：一为素质"增量"，即个体原有素质结构增加新的内容、新的要素，例如在知识、能力层面上扩展新的方面；二为素质"变量"，即个体原有素质结构产生新的变化、新的发展，例如在道德、心理层面上衍生新的形态。提升网络素养是高校网络思想政治教育生态建设的基本前提。然而，相对网络社会的快速发展，我国高校网络素养教育以及大学生网络素养水平仍远远没有跟上，还处在相对比较低的水平，具体表现为网络社会基本知识的"碎片化"、网络信息获取能力的"浅表化"、网络信息辨识能力的"片面化"、网络自我发展意识的"边缘化"、网络道德责任意识的"冷漠化"、网络心理调适能力的"情绪化"等方面。由此，"造成高校网络思想政治教育系统秩序失调的情况初见端倪"，成为高校网络思想政治教育生态系统正常运转所面临的局部性困境。① 因

---

① 吴满意，宁文英，王欣玥.网络思想政治教育生态系统研究［M］.北京：人民出版社，2019：213 - 214.

此，高校网络思想政治教育生态建设，应当特别关注网络素养教育，通过纳入课程体系、纳入教学内容，构建网络素养教育教学体系；通过建设校园网络发展平台、创设校园网络实践平台、严格规范网络行为管理，构建网络素养教育实践体系；通过发挥政府主导作用、企业支撑作用、媒体引导作用，构建网络素养教育社会体系。以此全面加强大学生网络知识教育、网络能力培养、网络道德养成和网络心理调适，全面提升大学生网络素养，进而促进高校网络思想政治教育生态建设，实现高校网络思想政治教育生态建设与大学生网络素养提升双向循环、良好互动。[①]

二 强化高校网络思想政治教育资源供给

高校网络思想政治教育是一种典型的耗散结构。按照耗散结构理论，高校网络思想政治教育在运行过程中由于多种复杂原因必然产生"熵增"，进而导致高校网络思想政治教育系统逐渐走向失序、混乱、衰落，这即要求高校网络思想政治教育必须从外界引入"负熵"以抵消"熵增"，进而使高校网络思想政治教育系统向有序状态发展。而现实是，"说起来重要做起来次要"的问题，不同程度地存在于教育之于社会、高校思想政治教育之于教育、高校网络思想政治教育之于高校思想政治理论教育和高校日常思想政治教育中，这亦教育总是被强调需要"优先发展"，高校思想政治教育（包括高校网络思想政治教育）总是被强调需要"加强改进"的原因所在。前述，高校网络思想政治教育"内生态""属生态""外生态"调控所主要依凭的高校网络思想政

① 熊钰，赵晨，石立春．大学生网络素养教育的内容与路径［J］．高校辅导员，2017，（4）：41-46．

治教育质量评价体系构建、高校思想政治教育融合发展模式构建、网络环境综合治理机制构建，都离不开理念、人才、资金、设备、平台、政策等外部资源的持续投入。缺失外部资源供给，再美妙的高校网络思想政治教育生态建设构想都只能沦为水中月、镜中花。因此，高校网络思想政治教育生态建设必须要以强化资源供给作为重要保障，必须通过"刚性要求"而非"口头强调"，引入先进的高校网络思想政治教育理念，组建优秀的高校网络思想政治教育队伍，提供充足的高校网络思想政治教育经费，打造先进的高校网络思想政治教育平台，使高校网络思想政治教育真正实现"工作有条件、干事有平台、发展有空间"，真正让人"看得见、看得重、看得起"。必须清醒认识的是，高校网络思想政治教育做得不够、不好、不到位，非但不能产生"正能量"反而容易形成"负效应"，非但不能实现"熵减"反而可能加速"熵增"，造成高校网络思想政治教育生态的恶化、实效的衰减。

三　追求高校网络思想政治教育生态平衡

生态建设是以生态平衡为目标追求的，表征为生态因子间的协调、生态层次间的融合、生态结构上的完整、生态功能上的叠加、生态运行中的稳定、生态演化中的前进……具体就高校网络思想政治教育生态建设而言，高校网络思想政治教育生态平衡应从三个方面进行把握：第一，在价值定向上，高校网络思想政治教育生态建设应当把坚持正确政治方向贯穿于全过程、体现于各方面，坚持以习近平新时代中国特色社会主义思想为指导，以立德树人为根本，以理想信念教育为核心，以社会主义核心价值观为引领，以全面提高人才培养能力为关键，凸显"学生主体"价

值理念，突出学生主体"生态位"地位，引导学生不断提高马克
思主义理论水平和思想政治素质，成长为德智体美劳全面发展的
社会主义建设者和接班人。第二，在结构功能上，高校网络思想
政治教育生态建设应当促进生态要素间的协调发展，在结构上，
生态要素各就其位、相互配合，具有很好的要素契合度；在功能
上，教育使命有效履行、成效显著，具有很好的目标达成度。
"当然，各要素间的协调整合关系，在表象上并不都表现为相互
支持关系，而可能表现为局部的相克与冲突，但这种相克与冲突
却有利于整体上的协调、平衡和相生。"① 第三，在发展演化上，
高校网络思想政治教育生态建设应当形成自调节、自修复、自适
应能力，一方面具有"生态强度"，能够抗御一定程度的干扰、
破坏，防范发生生态危机、生态溃散，另一方面具有"生态韧
度"，能够适应生态环境的发展、变化，顺利实现生态演化、生
态进化，进而实现高校网络思想政治教育生态的阶段稳定与动态
调整的辩证统一。概而论之，实现高校网络思想政治教育生态平
衡，关键在于综合把握"围绕学生、围绕育人"价值平衡点、
"优化结构、优化功能"基础平衡点、"持续演化、持续发展"动
态平衡点三大平衡点，在此基础上实现高校网络思想政治教育作
为"自系统"运行顺畅、达成目标，高校网络思想政治教育与高
校思想政治教育"属系统"有效衔接、相辅相成，高校网络思想
政治教育与社会"大系统"和谐共生、协调发展。

---

① 邱柏生．充分认识高校思想政治教育的生态关系［J］．思想理论教育，
2008，(15)：29．

结　语

　　互联网是一场技术革命、一场思维革命、一场范式革命，给人类社会带来了全领域的、颠覆性的深刻变革，催动着人类社会各个领域理念的变迁、模式的转型、发展的跃进。在互联网时代，互联网技术成为驱动变革的核心技术力量，互联网思维成为引领变革的主流思维方式，"互联网＋"成为实现变革的基本创新范式。在此时代背景之下，本书从互联网思维下的社会景观变革和高校网络思想政治教育创新发展诉求出发，着眼高校网络思想政治教育理念创新、实践创新，提出"基于互联网思维的高校网络思想政治教育研究"选题，择取互联网思维这一独特视角切入，基于"互联网＋"这一创新范式建构，尝试阐释"互联网思维"这一高校网络思想政治教育范畴，探索基于互联网思维发展高校网络思想政治教育理念，创新高校网络思想政治教育实践。

　　基于互联网思维的高校网络思想政治教育研究，是高校网络思想政治教育研究的重要选题、前沿选题、热点选题。言其重要在于，分析当前高校网络思想政治教育理论研究和实践工作中所存在的问题可以发现，一个重要根源是思维方式的问题、互联网思维的问题。从互联网思维出发，展开高校网络思想政治教育研究，有益于深化理论研究、推进实践创新。言其前沿在于，选题相关研究始自 2015 年，截止到 2021 年 5 月 1 日，共发表期刊论

文 97 篇（其中核心期刊论文 15 篇）、硕士论文 3 篇，暂无相关
选题博士论文。总体而言，选题相关研究仍处在起步阶段，在研
究广度和深度上还有待进一步拓展。言其热点在于，习近平总书
记多次强调"要主动适应信息化要求、强化互联网思维"。互联
网思维表征着人们对互联网技术应用、互联网社会运行内在规律
的认识和把握，在宏观上、前端上决定着高校网络思想政治教育
的理念、方法、模式及效果。

在互联网思维的业界解读、学界定义以及国内外思维科学相
关理论的基础上，立足人的互联网实践特别是人的互联网思维实
践，本书深入分析互联网思维的内涵，系统归纳互联网思维的外
延。一方面，基于思维科学范畴体系和理论框架，将互联网思维
定义为人对互联网技术、互联网实践、互联网社会的本质属性和
内在规律的自觉的概括的反映，并从互联网思维所主要关涉的思
维现象、思维方法、思维方式、思维模式、思维结果五个维度进
行理解和把握。从思维现象维度看，互联网思维是对互联网实践
和互联网社会的能动反映，互联网思维作为结果态、过程态、方
法态呈现，是对互联网实践、互联网社会基本规律的理性认识、
揭示探究、自觉运用；从思维方法维度看，互联网思维是人在互
联网实践中思维经验的凝结升华，互联网思维并非人"心智的自
由构造"，而是对互联网实践中思维活动、思维结果的析释与破
译，对互联网实践中思维实践、思维经验的总结与归纳；从思维
方式维度看，互联网思维是人在互联网实践中思维背景的形成运
用，互联网思维背景为人认识互联网现象提供了不同于既往思维
背景的新的"比照系"，在信息输入、储存、再生、输出的全过
程中提供比照；从思维模式维度看，互联网思维是人在互联网实
践中思维观念的转换完善，互联网思维模式处在价值判断的先导

位置上，处在互联网思维方式、思维方法的上游，决定着互联网思维方式、思维方法能否建立；从思维结果维度看，互联网思维是人在互联网实践中思维创造的时代结晶，互联网思维作为时代转换关口的一种思维形态，创新是其本质的本源、是其动态的常态，互联网思维将会随着互联网实践的深入而螺旋上升、永续迭进。另一方面，基于对互联网思维内涵的分析，立足对互联网思维实践的观察，从价值、产品、传播、管理四个维度把握互联网思维的外延。互联网思维的价值思维是"以用户为中心"，体现为用户思维，用户思维是互联网思维的核心，其他互联网思维都是以用户思维为核心衍生出来的；互联网思维的产品思维是"以创新为驱动"，体现为包括颠覆思维、简约思维、极致思维、迭代思维等的思维集合，是用户思维在互联网产品创新中的具体与显化；互联网思维的传播思维是"以关注为旨向"，体现为包括流量思维、爆点思维、粉丝思维、社会化思维等的思维集合，是用户思维在互联网传播优化中的具体与显化；互联网思维的管理思维是"以效率为导引"，体现为包括大数据思维、智能化思维、平台思维等的思维集合，是用户思维在互联网管理再造中的具体与显化。

互联网时代的到来，互联网社会的崛起，重构了社会存在，进而动摇了高校传统思想政治教育理念的建构根基。互联网思维以一种新的思维形式出现在高校网络思想政治教育视野中，在融合高校传统思想政治教育理念的过程中，在推动高校网络思想政治教育实践的过程中，必将驱动高校网络思想政治教育理念发展。在对教师主导理念、意义教育理念、体系驱动理念的现况进行分析的基础上，本书提出高校网络思想政治教育首先应当基于互联网思维发展价值理念、方法理念、治理理念。高校网络思想政治教育价值理念，是高校网络思想政治教育的价值观，集中反映高校网络思想政治教育的价值取向、价值追求。互联网时代的新环境新特点，要求高校网络思想政治教育价值理念应在坚持教师主导中更加注重突出学生主体，尊重学生主体地位，满足学生发展需要，注重学生学习体验。高校网络思想政治教育方法理念是高校网络思想政治教育的方法论，集中反映高校网络思想政治教育的基本原则、一般方法。互联网运行规律和网络原住民生存状态要求高校网络思想政治教育方法理念应在深化意义教育中更加注重突出生活教育，回应现实社会生活，融合现实校园生活，建构生活话语体系。高校网络思想政治教育治理理念是高校网络思想政治教育的组织论，集中反映高校网络思想政治教育的组织原则、治理模式。高校网络思想政治教育价值理念在坚持教师主导中更加注重突出学生主体，方法理念在深化意义教育中更加注重突出生活教育，要求高校网络思想政治教育治理理念应在强化体系驱动中更加注重突出平台驱动，构建"平台化"模式，构建"平台型"组织。

从高校网络思想政治教育实践看，关键环节主要包括"作品好"（内容）、"传播好"（渠道）、"生态好"（体制机制）三个方面。本书首先从"用户思维"与"高校网络思想政治教育作品开发"切入，集中讨论高校网络思想政治教育作品的本质属性以及高校网络思想政治教育作品开发的需要导向、话语转换等问题。高校网络思想政治教育作品是互联网思维在高校网络思想政治教育中的实体化呈现，是指高校网络思想政治教育主体以青年大学生为主要对象，基于网络新媒体技术和平台进行创作和传播，能够承载思想政治教育内容并服务于思想政治教育目的的物质实体和文化形式。就其本质属性而言，高校网络思想政治教育作品是高校网络思想政治教育的资源载体，是高校宣传思想工作模式的延伸运用。高校网络思想政治教育的对象是现实的人、具体的人，对于有血有肉的个体而言，都会有成长成才、全面发展的合理诉求。置身"用户至上"的互联网时代，遵循"以人民为中心"的价值原则，高校网络思想政治教育作品开发，应当凸显"用户思维"，深化"供给侧结构性改革"，在内容建设上应认识和把握大学生的全面需要，引导和满足大学生的自发需要，激发和唤醒大学生的自觉需要，在话语方式上应更为注重使用大众话语、故事话语、批判话语，将思想政治教育内容与学生成长发展需要有机融合，在满足学生成长发展需要中融渗思想政治教育内容，破解大学生日益增长的成长发展需要同不平衡不充分的思想政治教育内容供给间的矛盾，潜移默化传递理想信念、价值理念、道德观念，润物无声提升思想水平、政治觉悟、道德品质。

回答了高校网络思想政治教育"说什么""怎么说"的问题，解决了高校网络思想政治教育的内容建设问题，继而便要回答高校网络思想政治教育传播技术、传播策略的问题，解决高校网络思想政治教育的渠道建设问题。本书基于"社会化思维"，聚焦"高校网络思想政治教育传播优化"，集中讨论高校网络思想政治教育传播的媒介环境、受众特征以及高校网络思想政治教育传播优化的基本维度、辩证关系等问题。当前，媒体格局、舆论生态、受众对象、传播技术都在发生深刻变化，特别是互联网正在媒体领域催发一场前所未有的深刻变革，传播媒介的多样化、传播受众的个性化特征日益凸显。高校网络思想政治教育传播作为教育者运用互联网传播工具，实现教育信息扩散、接收、认同、内化的过程，较之高校思想政治理论教育传播、高校日常思想政治教育传播，在环境、载体、路径、方法、对象等方面发生了深刻变化，需要在准确把握网络新媒体、网络原住民特点规律，吸收借鉴网络传播成功经验的基础上，在操作策略层面上主动探新求变，从设置网络议程抢抓注意力资源、激活网络互动强化参与感构建、融渗网络生活提升智能化水平、整合网络信息发挥教材式功能四个维度予以优化，提高高校网络思想政治教育的传播力、引导力、影响力、公信力，推动主流意识形态高势位引领、高势能传播。与此同时，高校网络思想政治教育传播优化须在原则方向层面自觉把关控舵，协调处理数量与质量、一元与多样、线上与线下三个方面辩证关系，确保高校网络思想政治教育传播张弛有度、开合有序。

优秀的作品、有效的传播，是高校网络思想政治教育的两大核心议题，前者关乎内容，后者关乎渠道。在对上述两个问题进行讨论之后，随之，新的问题被提了出来——如何实现优秀作品持续开发？如何实现有效传播持续开展？这便将研究导向更为宏观、更为系统层面上的高校网络思想政治教育生态建设问题。本书基于"平台思维"，聚焦"高校网络思想政治教育生态建设"，集中讨论高校网络思想政治教育生态的内在结构、核心因子以及高校网络思想政治教育生态建设的关键路径、内在要求等问题。高校网络思想政治教育生态是指高校网络思想政治教育内外因子相互联系、相互作用、相互制衡的关系与状态。一方面，高校网络思想政治教育是一个整体的、复杂的生态系统，包括"上游""中游""下游"诸因子，包含"内生态""属生态""外生态"诸层次，构成了高校网络思想政治教育链条式、圈层化、整体性的生态结构。另一方面，高校网络思想政治教育的各因子在生态系统中所处的地位是不同的，"人"天然是居于核心"生态位"的，必须抓住"人"这一核心因子，以人为中心汇聚、包容和关照不同层次生态系统中各种生态要素。因此，高校网络思想政治教育生态建设，既要坚持全面的、联系的、协调的、可持续的观点和方法，又要重点把握核心生态因子、调控关键生态变量、理顺基本生态关系，构建高校网络思想政治教育质量评价体系调控"内生态"，构建高校思想政治教育融合发展模式调控"属生态"，构建网络环境综合治理机制调控"外生态"，进而牵引驱动建设"协调平衡、融合共生"的高校网络思想政治教育生态。与此同时，在推进高校网络思想政治教育生态建设过程中，需要深刻认识和准确把握网络素养、资源供给、生态平衡三个方面内在要求，确保高校网络思想政治教育生态建设动力充沛、持续向好。

综上，本书在解析和把握互联网思维内涵外延的基础上，在理念维度上基于互联网思维讨论高校网络思想政治教育理念发展问题，在实践维度上基于互联网思维讨论高校网络思想政治教育作品开发、传播优化、生态建设问题，进而将互联网社会的主流思维方式、成功实践模式投射到高校网络思想政治教育中，力求在理论方面有所创新，于实践方面有所助益。同时，本选题作为一项重要选题、前沿选题、热点选题，在研究广度上、研究深度上仍有着很大拓展空间。其一，互联网思维基本范畴研究有待进一步深化，互联网思维生成机制、结构要素、作用功能、相关关系等方面的研究尚未从完全意义上展开，特别是作为意识层面的互联网思维与作为存在层面的网络空间、网络社会、网络交往、网络文化等间的相互关系与相互作用的研究亟待深入分析、系统构建。其二，互联网思维下高校网络思想政治教育创新发展研究有待进一步深化，运用互联网思维创新高校网络思想政治教育绝非仅限于用户思维、社会化思维、平台思维三个方面，如何运用大数据思维提升高校网络思想政治教育科学化水平，如何运用智能化思维提升高校网络思想政治教育智慧化水平，如何运用跨界思维构建高校网络思想政治教育协同育人格局，如何运用迭代思维增强高校网络思想政治教育创新发展活力，都是高校网络思想政治教育研究的前沿热点课题。其三，互联网思维下人的思想品德形成发展特点规律研究有待进一步深化，包括现实环境与网络环境交互作用下人的思想建构的特点规律，现实空间与网络空间场域切换间人的行为模式的特点规律，人的思想与人的现实行为的矛盾关系，人的思想与人的网络行为的矛盾关系等，这些直接关乎互联网时代青年大学生的思想特点、文化模式和行为逻辑。

图书在版编目（CIP）数据

基于互联网思维的高校网络思想政治教育研究／熊
钰著．--北京：社会科学文献出版社，2024.2（2025.1 重印）
ISBN 978 - 7 - 5228 - 3197 - 8

Ⅰ.①基… Ⅱ.①熊… Ⅲ.①互联网络 - 应用 - 高等
学校 - 思想政治教育 - 研究 - 中国 Ⅳ.①G641 -39

中国国家版本馆 CIP 数据核字（2024）第 023714 号

基于互联网思维的高校网络思想政治教育研究

著　　者／熊　钰

出　版　人／冀祥德
组稿编辑／许春山
责任编辑／刘　荣
责任印制／王京美

出　　版／社会科学文献出版社（010）59367068
　　　　　地址：北京市北三环中路甲 29 号院华龙大厦　邮编：100029
　　　　　网址：www. ssap. com. cn
发　　行／社会科学文献出版社（010）59367028
印　　装／唐山玺诚印务有限公司

规　　格／开本：787mm×1092mm　1/16
　　　　　印张：16　字数：183 千字
版　　次／2024 年 2 月第 1 版　2025 年 1 月第 2 次印刷
书　　号／ISBN 978 - 7 - 5228 - 3197 - 8
定　　价／68.00 元

读者服务电话：4008918866